ちくま新書

マタハラ問題

小酒部さやか
Osakabe Sayaka

1164

マタハラ問題【目次】

はじめに

†誤解だらけの「マタハラ問題」

「マタハラ」という言葉が、2014年ユーキャン新語・流行語大賞のトップテンに選ばれた。この言葉が選ばれた背景には、私が代表を務める被害者支援団体「マタハラNet」の活動が大きく影響したように思う。

マタハラとは、マタニティハラスメントの略で、①働く女性が妊娠・出産・育児をきっかけに職場で精神的・肉体的な嫌がらせを受けたり、②妊娠・出産・育児などを理由とした解雇や雇い止め、自主退職の強要で不利益を被ったりするなどの不当な扱いを意味する言葉だ。

①の精神的・肉体的嫌がらせとは、同僚から無視されたり、大事な情報を共有してもらえなかったり、妊娠中にわざと重い荷物を持たされたりなどする、いじめのような行為を

いう。

そして②の不利益を被る扱いとは、解雇や契約更新の拒絶、退職強要以外にも正社員からパートなどの非正規に雇用形態を変更されたり、降格や減給、賞与の査定を下げられたり、時短勤務の申請をしても認めてもらえなかったりなど、就労環境を阻害されることをいう。

これだけ聞くと、「妊娠する女性だけの限定的な問題」と思われるかもしれない。そして、セクハラ、レイプなどの女性問題と同様に必ず起こるのが、「被害を受ける女性に落ち度があったのではないか」という被害者バッシングだ。マタハラの場合は「そもそも辞めさせられるような能力のない女性なのだろう」とか「そもそもまわりの同僚から疎《うと》まれるような性格が悪い女性なのだろう」となる。おまけに日本には、女性が声をあげることを善しとしない文化がある。「権利ばかり主張して」「ワガママな女性だ」「女性が声を上げるなんて」などという声を耳にすることも多い。

しかし、マタハラは、そんな底が透けて見えてしまうような浅い問題などでは決してない。日本では未だに、第一子の妊娠を機に、6割の女性が仕事を辞めている。マタハラは人権問題であるだけでなく、労働問題であり、ひいては日本の経済問題なのだということを知ってもらいたい。

経済問題ということは経営問題でもあり、企業が向き合わなければならない問題なのだ。そして、経済先進国の中では、日本に突出している問題なのだということを知ってもらいたい。日本の働き方のスタンダードは、世界の経済先進国のスタンダードではないのである。

†深刻な少子化とどう向き合うか

日本の少子化はもはや危機的状況だ。

このまま行けば、45年後の2060年には人口が現在の3分の2まで減少し、うち4割を高齢者が占めるという。ほぼ2人に1人がお年寄りの時代になる。

けれど、今の私たちは、日常生活に大きな支障も来していないし、直接的な被害を被《こうむ》ってもいないため、そんな時代が来ることを想像しようともしない。本当にそんな時代がやって来るとも思っていないし、その頃には、もう自分はこの世にいないから関係ないや、とさえ思っているかもしれない。目の前のことでいっぱいで、そんな先のことなど知ったことではないといったところだろう。

1分でかまわないから、目を閉じて思い描いてみてほしい。ほぼ2人に1人がお年寄りの時代ということは、働く人の数（労働人口）はどれだけ減るだろうか。人口が減るということは、消費者であるお客さんがいなくなるわけだから、企業はどれだけ潰れるだろうか。これだけのお年寄りを支えるための社会保障費（税金）は、一体いくらまで跳ね上がるだろうか。これだけのお年寄りの面倒を誰が看るのだろうか。私たちの老後の年金は、きちんと支給されるのだろうか。

自分の目の前にいる愛おしい子ども、可愛い孫たちが、この時代の真っただ中を生きていくことになる。目を閉じて思い描いたその映像は、瞬《またた》く間に灰色に曇《くも》ってはいかないか。少子化の影響を肌身で感じたときには、もう取り返しのつかないところにまで来てしまっている。

マタハラは、日本の経済だけでなく、少子化も直撃する深刻な問題なのだと知ってもらいたい。そのことが、すべての人が知るところとならない限り、少子化も改善されないであろう。ジャーナリストの小林美希さんが呼ぶように、今の日本は「産ませない社会」で、自ら少子化に向かっていっているのだということを知ってもらいたい（『ルポ　産ませない社会』河出書房新社参照）。

†ハラスメントの連鎖を止めるために

産休や育休で休むぶんの業務をフォローする同僚から、「業務のしわ寄せを受けて、こちらの方が過労で死にそうだ」「逆マタハラだ」という声も聞く。

本来であれば、その怒りの矛先《ほこさき》は、業務や人員を管理するマネジメント層や会社に向かうべきである。彼らに疑問を提示し、改善を促すべきなのだが、その怒りは往々にして上ではなく、同じ労働者の女性に向く。ずっとフルタイム勤務をこなしている人から見れば、産休・育休・時短勤務の取得は、不公平に感じるからだろう。

私は、自分たちさえ良ければいいなどとは決して思っていない。フォローする同僚の評価制度の改善や対価の見直し、産休・育休以外にも長期休暇がとれる制度を導入するべきだと考えている。

高齢化が進み、これからは上司たちが介護休暇をとる時代になる。マタハラを解決しなければ、次なるハラスメント＝ケアハラスメント（介護休取得の際に、役職を失ったり退職を強要されたりするなどのハラスメント）へと連鎖するだろう。

労働人口が減っていくこれからの日本は、女性や高齢者、若者の労働力が不可欠で、育児や介護をしながら働き続けることのできる社会が求められる。マタハラ問題の解決が、そのような社会を実現する突破口となることを知ってもらいたい。日本の長時間労働に終止符を打ち、長時間労働の犠牲になってきた男性たちも救われ、すべての労働者の労働環境の改善につながる可能性があることを知ってもらいたい。

私には、多くの人たちに知ってもらいたいことがたくさんある。マタハラ問題について、伝えたいことがたくさんある。難しい問題だということは、よくわかっている。けれど、だからこそ多くの人たちと、一緒にこの問題について考えてもらいたいと思う。考えてもらえる〝きっかけ〟になればと、この本を書き始めることにした。

第1章

私のマタハラ体験

――子育てサポート〝くるみん〟認定企業でマタハラに遭う

†一度目の流産

私が勤務していた会社は厚生労働省が発行する子育てサポート企業の認定マークである〝くるみん〟を取得していた。ワークライフバランス、女性が働きやすい会社が謳《うた》い文句で、こういう企業であれば仕事とプライベートを両立できると思って入社した。私の業務は雑誌のディレクションで、忙しかったけれど活気のある毎日で、私は仕事に打ち込み楽しんでいた。ある雑誌のリニューアルプロジェクトのメイン担当を1人で任され、自分ですべてハンドリングできることに、とてもやり甲斐を感じていた。

私が妊娠したのはそんなときだった。なんだか、胸が張って痛い気がする。熱がある。「なんだろう……、気のせいかな？　疲れているのかな？」。月のものは遅れていたが、結婚した友人や知人から「なかなか妊娠ってしないもの」と聞いていたので、まさか自分が妊娠しているとは思いもしなかった。

しかし妊娠検査薬を使ってみると、なんと陽性反応。「え？　私、妊娠しているの？　いつ？　いつので？　なんで？　なんで？　今なのよ！」と慌てふためいたのがことの始まりだった。

次の日も仕事で23時くらいまでは残業がある。忙しくて平日に病院に行く時間は当分ない。週末に病院に行こうと後回しにしながら、「どうしよう。この忙しいときに。タイミング悪いなぁ。とりあえず安定期に入るまで、まわりには絶対に気づかれないようにしなきゃ！」などと考えていた。

今振り返ると、本当にバカだった。妊娠すれば、無事出産まで漕ぎ着けるものと思い込んでいた。何より問題なのは自分の気持ちだった。私は妊娠がわかったとき「嬉しい」より「どうしよう」が先だった。そして、まわりに迷惑はかけられない、自分はメイン担当なのだから絶対にバレないようにしないと信頼をなくしてしまうと本気でそう思っていた。今思うと、このときの私は、自分で自分にマタハラをしていた。

妊娠検査薬で確認してから1週間後の週末、やっと自宅近くの病院に行った。「心拍が見える」と医師から言われ、エコー写真を見たときは、さすがに目頭《めがしら》が熱くなり、初めて妊娠に実感が湧いた。私は医師に自分の体調を相談した。「なんだか下腹部が張っている気がするのですけど……」と聞くと、「妊娠初期は、子宮が大きくなるから、そういう違和感はだれにでもあるのだよ」と言われ、そういうものかとこのときは思った。

「来週も仕事忙しいから、ママと一緒にがんばろうね」。お腹に手を当てて話しかけたりすると、じんわりしたなんとも不思議な気持ちになる。自分の経験したことがない未来が、これからやってくるのかと病院に行ってやっと嬉しいと思えた。

通勤のときだけ、カバンにマタニティマークのキーホルダーをつけて、会社に入る前にカバンの中に隠す。何事もないように、普通に遅くまで働く日々だった。お腹が張る気がするけれど、仕事は山場を迎えているし、納期までは無理してでもがんばろうと思った。雑誌の発行に穴を空けるわけにはいかなかった。けれど、やはり何かがおかしい。遅くまで働くごとに、下腹部がますます張っていく気がした。

病院で妊娠を確認してから、3〜4日後の朝、普通に出勤しようと頭では思っても、下腹部に鈍痛があり、横になった状態からなかなか起き上がれない。夫にお腹をさすってもらっても、どうも苦しい。病院の先生は「初期は張る」って言っていたけど、妊娠ってこんなに痛いものなのか？　苦しみにうめきながらも、頭の中は仕事のことでいっぱいだった。ちょうどこの日が納期の山とも言える日だった。

「データの修正を確認しなきゃ！　私しかこの業務はわからない」

下腹部の鈍痛には波があった。ずっと痛いわけではなく、しばらく経つと楽になり、またしばらく経つと痛むというように。楽になったタイミングを見計らって出勤した。

図表1　くるみんマーク

図表2　マタニティマーク

電車の中で、これ見よがしにマタニティマークのキーホルダーを見せつけても、だれも席を譲ってはくれない。マタニティマークのキーホルダーが無力なことを思い知る。検査薬で妊娠がわかってからは、毎日マタニティマークをつけていたが、一度も席を譲ってもらったことはなかった。だが、この日ばかりは限界で、だれか席を譲ってくれないかと、苦しいお腹を抱えながら必死に車内を見回した。さすがに座っている人に、席を立って替わってくださいとは言えなかった。

定時より少し遅れてしまったけれど、なんとか出勤。午前中にやらなければならない業務を必死でこなし、仕事の山は越えたと思えた午後、痛みは息がつまるほどの激痛に変わった。これは明らかにおかしいと感じ、身体を引きずるようにして、会社近くの産婦人科に駆け込んだ。苦しくて苦しくて、早く自分の番になってくれと願った。内診の際、カーテンの向こうで医師が看護師さんに、こそこそと私には聞こえない声で話をしていて、何なのかとても気になった。

するると、医師から「双子ちゃんだよ」と告げられ、私はとても驚き思わず声を出した。

「初診で妊娠の確認をしたときは、そんなことは言われませんでした」と医師に伝えると、

「大きい病院は流れ作業だから、きっと見落としたんだよ」と言われた。医師は続けて、

「けど、心拍見えないなぁ〜。二つ袋があって、一つは中身があるけど、一つは中身が何もなさそうで、中身がない方がどうなるかわからないから、最初から下腹部が張っていたんだよ。仕事なんてしている場合じゃないよ。安静にしなきゃ」

なんとか仕事の山は越えたので、この日は夕方で早退させてもらった。帰りの電車も、鈍痛で痛む下腹部を抱えていたが、やはりだれも席を譲ってはくれない。一刻も早く帰宅して横になりたかったが、運の悪いことに電車の中で携帯が鳴り出した。見ると会社からだった。何かトラブルがあったのか？　自分の身体も一大事だったが、仕事に何かあってはまずいと、途中で電車を降りて会社に電話をかけ直した。すると印刷会社から私に電話があって、社内の自分たちではわからないから対応してくれと言われた。具合が悪くて早退していても、私しかできない仕事だったので、私がやるしかなかった。

翌日、本来通っている自宅近くの病院に行った。ここでも心拍が見えなくなっていると言われた。

医師の診断でこの日から自宅安静することになった。翌日、翌々日と安静にしていればだんだん痛みはなくなっていった。けれど、これは回復して痛みがなくなったわけではなかった。赤ちゃんが死んでしまって、痛みがなくなっていっただけだった。あの激痛は赤ちゃんの心拍が消えるときの断末魔だったのだと思った。なんてことを私はしてしまったのだ。ただただ、呆然としていた。妊娠7週目。稽留流産《けいりゅう》（胎児が子宮の中で死んでしまっている状態）とのことで手術。出産と違い生産性のない、ただ悲しいだけの痛みと手術が私を待っていた。

†あと2〜3年は、妊娠なんて考えなくていいんじゃないの？

自宅安静、入院・手術を含めトータルで1週間ほど会社を休んで出社した。

会社には「すみません、急遽入院することになりました」と電話で告げただけで理由は報告していなかったため、これから流産のことを伝えなければならなかった。妊娠の報告もしていないのに、流産の報告をしなければならないなんて。できればだれにも言わず、一生私と主人だけの秘密にしたいと思った。けれど、入院の診断書を会社には提出しなければならず、嫌でもばれてしまう。なんとも気の重い出勤だった。
　今後こんなことにならないよう、次なる妊娠を絶対に失敗しないためにも、包み隠さず話をして上司に理解してもらうしかない。私はそう決意し、気持ちを整理して、直属上司Aと2人だけで話をすることにした。打ち合わせが終わったあと、「ちょっといいですか」と時間をもらった。

私「ご迷惑おかけしてすみませんでした」
上司A「あれでしょ？　働きすぎで、過労かなんか？」
私「いえ、……あの……、実は……私、妊娠していたんです。で、流産してしまいまして……」
上司A「……」
私「それで、もうこんなことは二度と嫌なので、アシスタントをつけてもらえませんか？」
上司A「……」

私「新卒の子とかでもいいんです。このプロジェクトは学べることがたくさんあります。私も、教えられますし」

上司Ａ「……」

私「派遣さんとか、アルバイトの子でもいいです。とにかく私と一緒に動ける人がほしいんです。それか情報共有をさせてもらえませんか？　私１人で業務を把握している状態では、何かあったときに困りますので」

上司Ａ「あと2～3年は、妊娠なんて考えなくていいんじゃないの？」

私「！」

上司Ａ「今は仕事が忙しいんだし……」

私は強いショックを受けた。流産に対するいたわりの言葉どころか、仕事を優先して妊娠は後回しにしろと、流産を経験した直後の私に言うとは……。当時35歳を過ぎていた私にとって、この2～3年がどれだけ大事か、この上司は何も理解していなかった。

上司の言うとおり、2～3年妊娠を考えなかったとして、40歳前で初めて妊娠を考えろということなのか？　その年で自然妊娠できる可能性はとても低い。では不妊治療代はだれが出してくれるのか？　この上司が出してくれるとでもいうのか？　妊娠しなかったときはどう保証してくれるのか？　なんということを言う上司なのだと、唖然《あぜん》として言葉も出なかった。

しかし、このようなやりとりは序の口にすぎなかった。この日から、私のマタハラとの闘いが幕を開けることになった。

私とともに動けるきちんとしたアシスタントがほしい、情報共有をしてほしいと訴えたにもかかわらず、流産したあとも何一つ改善はなく、大量の業務を1人でこなす日々が続いた。取材撮影はすべて私がまわり、ある日は軽井沢、またある日は勝浦へと飛びまわり、休日出勤もあった。

私は契約社員だったが、正社員以上の仕事量と責任だった。同一労働同一賃金は守られず、私がどれだけの業務を抱えているのか直属の上司は把握しようとさえしなかった。

ワークライフバランス、子育て両立支援などと看板だけは大きく掲げ、ノー残業デイなる日を週に一度は設けていたが、忙しい部署は帰れるわけもなく、上司たちはただ「早く帰れよ」と言って、自分たちだけが定時で帰っていく。業務整理や業務の見直し、正しい人員配置もせず、「早く帰れよ」と言って仕事がなくなるなら、こんな楽なことはない。

マネジメント層のマネジメント力のなさが、かなりの問題だなと思っていた。

このプロジェクトで私は雑誌の制作を担当していたが、社内で同じプロジェクトのWEBサイトなども制作しており、日頃からWEB担当の正社員スタッフとの情報共有が重要だった。しかし流産後、私だけが同僚たちとは別の部署、上司Aのいる部署に異動させられ、プロジェクト内の情報共有がしにくくなってしまった。

こういった誤った人員配置なども理解できなかった。上司Aによるとこれからこのプロジェクトに加入することを見越しての異動だと言うが、いつ加入するのかもはっきりせず、上司Aは情報共有さえ相変わらずしてくれず、私は困惑していた。私の業務改善どころか、むしろそれと逆行するような、より私が大変になるような異動だった。

ある日のこと、業《ごう》を煮やした私は、ふたたび上司Aに業務の分担と情報の共有をしてくれるようお願いをした。

私「私が1人で仕事をまわしている状態だと、万が一のことがあったら困るので、業務の分担と情報の共有をさせてください！　私と一緒に動ける、きちんとしたアシスタントを入れてください！」

上司Ａ「お前の身に何があるって言うの？　周りが不安になるから、そんなこと言うな。業務の分担って言ったって、お前1人でまわせているじゃないか。できているじゃないか！」

相変わらず返ってくるのは、こんな言葉ばかりで取り合ってもらえなかった。

この会話をした翌日、私の二度目の妊娠がわかった。一度目の妊娠から半年後のことだった。

†不安のなかでの二度目の妊娠

「なんだか下腹部が痛いな、前にもこれに似た痛みを経験したような気がする。そういえば、なんか胸が張って痛いし、この状態、前にも同じような状態になったことがあるようだな……」

まさかとは思ったが、調べてみると陽性反応。二度目の妊娠は、下腹部の鈍痛で気がついた。そして一度目同様に、業務に不安を残すなかでの妊娠だった。この半年間、結局何の業務改善もなされなかった。この状況で何と言って報告をしたらいいのだろうか？　私は頭を抱えた。

妊娠検査薬で陽性がわかったその夜に、上司Aに電話を入れた。翌日には静岡への取材撮影が予定されていたのだが、この出張について相談をするためだ。以前流産したときに似たような張り、鈍痛を感じていた私には嫌な予感がしていた。

「もう絶対、流産は嫌だ！　なんとしても死守したい！」

今度は、自分の身体を優先させてもらおうと強く決意をした。

上司Aに電話で妊娠を報告すると、驚いてはいたが、出張の交代を引き受けてくれた。迷惑をかけて申し訳ないと謝罪とお礼を言って電話を置くと、ふと思った。上司Aが、私の業務を直接助けてくれるのは、これが初めてだなと。

翌日、病院に行くと切迫《せっぱく》流産（流産しかかっている状態）との診断。自宅安静を余儀なくされた。医師からは「下腹部の痛みが消えて、心拍さえ見えれば一安心だから。一度目を流産してしまっているので、今度は大事にしましょうね」とのこと。「はい。私、大事にします！　今度こそ、赤ちゃんほしいです」と即答した。

ふたたび上司Aに電話をし、自宅安静の旨を伝え、この日から会社を休んだ。家事もできず横になって過ごす日々。赤ちゃんが安定するまで、精神的にも不安だった。

しかし、家で寝ていても、毎日のように会社から電話とメールがあった。業務を1人でまわしていて、情報共有もさせてもらえなかったのだから当然の結果だった。


「ここは、どうなっている?」

「これは、だれに連絡すればいい?」

「この人に連絡したのだが連絡が取れないのだけど、どうなっている?」


上司Aから毎日のように電話があり、「私に万が一のことがあったら……」と進言した通りの事態が起こってしまった。できればこんなことになる前に、組織としてバックアップの態勢を整えておいてほしかった。

電話に出られないと「何で電話にすぐ出ない? 何をしていた?」と上司Aは語気を荒らげる。切迫流産で安静にする必要があったため、横になっていることが多かった私には、すぐに対応できないこともあり本当に困った。

これでは、精神的にゆっくり休めている状態とはとてもいえない。自分が迷惑をかけているということが、ひしひしと伝わってくる。私が休んでいるぶんの穴埋めを、このプロジェクトではない、別の女性が代わりにやってくれているようだった。その女性にも申し訳ないと心から思った。

それでも私は、着信に気づけばできるだけ早く電話を折り返したし、メールも必ず返信した。迷惑かけて申し訳ないということは毎回伝え、安定したら必ずまた職場復帰しますから、しばらくだけお願いしますと伝えていた。

しかし、自宅安静になって1週間が過ぎた頃、様子が変わってきた。この上司Aが電話で「仕事に復帰する場合じゃないんじゃないの?」と言い出した。さらに、今後のことを話したいから、私の自宅の最寄り駅に来ると言い出した。

正直なところ「嫌だな」と思った。この頃ちょうど契約更新の時期が迫っていて、仕事を続けるためには、契約の更新をする必要があった。とても嫌な予感がした。安静にしなくてはいけないため、真冬の寒空の下、外出は控えたい。仕方ないので自宅に来てくれるよう私から上司Aにお願いした。しかし、今思うと自宅に呼んだのは間違いだった。まさか夜まで居座られるとは思ってもいなかった。

†切迫流産中に4時間に及ぶ退職強要

17時頃、契約更新について話があると、直属の上司であるA部長が自宅にやってきた。退職勧告をされる予感がしてとても不安だったので、主人にも同席してもらった。切迫流産中に、ただでさえお腹の赤ちゃんがどうなるかわからない状況で、今度は仕事のことで上司が自宅にやってくるというのは、それだけでも大きなストレスだった。

上司Aは、

「契約社員は時短勤務ができない」

「時短勤務ができないわけだから、どうしても仕事したい場合はアルバイトで来るしかないんじゃないの。フル(タイム)で来ちゃダメでしょ」

「契約社員のあれ(就業規則)に、時短勤務とかさ、フレックス適用とか、あぁいうものがあるんだったらいいけど、そうでないとしたら、俺だったら最低でもアルバイトに切り替えるよ。俺だったら切り替えて、また契約社員になるとか、契約社員どころじゃなくてお前は正社員で受けてもいいくらいだからさ」

「ごめん。また大きい声出して、いつもこんな調子で」

と自分でも言うくらい、時には大きな声で退職するよう迫られた。

上司Aはさらに続ける。

「休んで会社に復帰したとしようよ、会社にいいイメージが残ると思う？　お前。次の更新のときとかに。それが人事側からしてみれば、それがまわりへの影響、迷惑だと思う。恐らく。評点で」

「（お前は仕事が）できるわけ、なのに会社にわざわざ悪いイメージ与えて、会社からしてみると人事はわがままだと、まわりの仲間とか同僚のことも考えてみろと、少なくとも気を使うわけじゃん。まずは俺が気を使うもん」

などと繰り返し、途中から、

「あの、すみません、この家にお酒ないの？」

と言って酒まで飲んでいく始末。知識がないばかりか、この上司は常識さえないように思えた。ケーキと紅茶を出していたが、まさか夕飯時を過ぎても退職強要が続くとは思っておらず、寿司の出前までとることになった。今振り返ると、上司をもてなすようなことをしていた自分をバカみたいに思うが、このときは、なんとしてでも仕事を継続したいと思い、上司と喧嘩するわけにはいかず、機嫌をとるしかなかった。

私は仕事を継続したいと何度も訴えたが、上司は酒を飲みながら、さらに悦に入って退職を勧め続けた。

†妊娠はそんなに悪いことなのか

「たとえば会社に特例があってね、契約社員でも時短勤務が可能というのでもあればいいけど、間違いなくないから。これは。ないってなると、普通にあなたは毎日これますね？で、もし、万が一何かあった場合は自己責任ですよ！」

「お前は、1年後だろうが2年後だろうが、いつでも今までの仕事のパフォーマンスで十二分に（できるだろう）。俺は（お前に）最高の点数（評価）をつけたって言ってるわけでしょ。最高の。……それだけ、優秀で仕事ができる人は、子どもが産まれれば元気で仕事できますってさ、（会社は）優秀な人だから、ぜひまた仕事をしてくれと。その方が、むしろ正社員で受けることも可能かもしれない」

上司Aはいったん会社を辞めて、出産してからまた正社員で会社に戻ってくればいいと言う。保育園の待機児童の問題を何もわかっていない。一度仕事を辞めたら、保育園に入園させることができないのだから、復帰なんてできるわけがない。

待機児童問題を私がいうと、「それなら、自分の母親に子どもを預ければいい」と上司Aはいう。私の母は92歳になる認知症の祖母の面倒を看ているのに、その母に0歳児も預けろというのか？　子育てがどれだけ大変か、何もわかっていないとしか思えない発言だった。私の家庭事情に土《ど》足《そく》で踏み込み指図する態度にも憤りを感じた。

上司A「また何か（妊娠）があって、穴あけられたり、現に今回も迷惑かけていることはかけているわけよ。実際に」

上司A「まわりの影響を考えると、今の（雑誌の）仕事はやらせられないので……」

私「まわりの影響っていう話でいうと、私は何回もアラートは出させていただいてて。フォローにつく人がほしいって話は、ずっとしていたじゃないですか！」
上司A「それもね、それも、会社はどう解釈するか。ただ、ドライな方向で話をもって行くと、彼らももっとドライにしかならないし。特に人事」

私は散々この上司Aに「情報共有をしてほしい。私と一緒に動けるアシスタントがほしい」と訴えてきた。それを実行しようとしなかった自分のマネジメントを棚に上げ、人事部に責任を転嫁しようとしているように聞こえた。私のプロジェクトに関してはマネジメントするという意識があまりないのか、そもそもこの上司はマネジメントが何かわかっているのかさえ疑問だった。

上司A「契約社員に対して、会社に時短勤務の制度がないことは違法ではないわけだからさ」
上司A「せっかく今いい評価をもらっているし、仕事もできているし、……わざわざ自分でマイナスイメージをさ。君からしたら何でマイナスイメージを抱くんですか？　って

（思うだろうけど）。でも彼ら（会社と人事）からしてみれば、マイナスイメージを抱くことがイリーガルでも何でもないんだもん。言っている意味わかる？」

上司Aがあまりに理不尽なことを言い続けるので、私は、区役所で母子手帳をもらうときに一緒にもらった厚生労働省の「働きながらお母さんになるあなたへ」のパンフレットを見せた。ページを開き「このような退職勧告は法律で禁止されているんですよ」と説明してみたが、法律の知識がないためか、上司Aには不法行為の意識はまるでなく、「こういうのは人事がやったら違法だけど、自分のはアドバイスだからいいの」と独自の理論を展開された。

「迷惑」「悪いイメージ」「わがまま」「気を使う」……。切迫流産の状態でお腹の赤ちゃんがどうなるかわからないなか、傷つけられる言葉の数々。そしてさらに、妊娠をとるなら、仕事は選択しないように追い込まれていく。妊娠したというだけで、なぜこんな目に遭わなければならないのだろうかと、ものすごく苦しかった。

契約社員であろうが、育児介護休業法の規定上に時短勤務は認められている。また、社内の子育て中の契約社員数名は、実際に時短勤務で働いていた。上司Aの退職勧告は、そのようなことをまったく認識していない、知識不足からくる、自分の価値観の一方的押しつけでしかなかった。私の気持ちは一切無視で、同じ言葉を自分が言われたらどう思うのかという視点もまったくなかった。知識がない人と、何を話してもわかりあえるわけがない。

私とこの上司Aは、まるで他の惑星と他の惑星ほどに遠く隔たりがあり、会話ができなかった。一度目の妊娠のとき、妊娠の報告ができなかった。今度はすぐに妊娠の報告をしたのに、そしたら4時間にわたって退職強要をされた。妊娠はそんなに悪いことなのか。

21時過ぎ。上司Aが自宅玄関口で、「明日は契約更新しないって言ってきてね」と私に告げ、ほろ酔い加減で帰っていったあと、主人が「今の録音しておいたから」と言った。「なんで?」と私が聞くと、「あまりに言っていることがおかしいから」とのこと。この主人のファインプレーに、私は後に助けられることになる(上司Aとの会話は、録音より書き起こしたもの)。

上司Aの自宅訪問により眠れない夜を過ごした翌日、私はまず自分の自宅所在地を管轄する労働局に電話を入れた。前日の上司Aの不法行為を訴え、助けになってもらいたかった。

ところが、電話に出た労働局の男性職員は、
「会社の所在地を管轄する労働局が担当なので、そちらに電話してくれ」
「電話したとしても、人事の決定権者、たとえば人事部長が退職勧告したりしなければ、労働局は何もできない。直属の上司の退職勧告くらいでは動けない」と言う。

私はがっかりして、会社所在地の労働局へ電話することを諦めてしまった。

次に、区役所の児童家庭課に電話した。保育園の情報を入手するためだ。自宅のある区は市内で1位2位を争う保育園の激戦区で、一つの席に10名以上の希望者が並ぶ状態。優先順位は、母親の雇用形態、勤務時間で決めるとのこと。今アルバイトになったのでは、今後ずっと働けなくなるも同然だった。

だれも私を助けてくれない……。

社内の人事に相談したかったが、「人事から聞いたところによると、契約社員は時短勤務ができないと言っている。人事にマイナスイメージ、悪いイメージを与える」と上司Aに言われているので、人事に相談に行くという選択肢は、上司Aによってすでに遮断されていた。何より切迫流産の状態で、これ以上だれかと言い合いたくはなかった。お腹の子が無事に育ってくれることが一番大事なので、これ以上のストレスを受けたくなかったか

らだ。上司Aからの4時間の退職強要だけでも、私は相当疲れていた。ここは黙って自分が出社して、契約更新するしかない。這ってでも会社に出社して、勤務ができる姿勢をアピールしなくては、契約更新は危ういと思った。

†二度目の流産

1週間自宅安静をして痛みは引いていると思えたので、主人と相談し、医師に復帰可能の診断書を作成してもらうことにした。このときの検査でもまだ赤ちゃんの心拍が見えておらず、医師からは「無理は絶対にしないように」と釘をさされた。

診断書を書いてもらったその足で会社に向かい、人事と契約更新をした。契約更新の手続きをおえると、上司Aから呼び出され、会社近くの喫茶店で話すことになった。「大丈夫か。ちゃんと働けるのか」と上司A。話をしていると、そこに上司Aのさらに上のB本部長が偶然通りかかった。

突然B本部長から指をさされ、「お前、明日説教だからな!」と怒鳴られた。

「説教? 何事?」と思うも、B本部長は「説教だ」の言葉のみを残して去っていった。

会社では、上期、下期のそれぞれに本部長との面談がある。明日はちょうど私の下期の本部長面談だった。やっとの思いで契約更新したにもかかわらず、今度は説教？　上司Aだけが非常識なのかと思っていたら、今度はB本部長。どうして次から次にこんな言葉ばかり言われなければならないのか！　その夜もまた眠れなかった。

翌日から通常出勤をして、上司Aの上のB本部長との面談を受けた。B本部長とは、上期、下期の30分程度の面談のほかに、ほとんど話したことはない。前日に「お前、説教だ！」の言葉だけを残されていたので、ここでもまた気の重い面談に臨むことになった。B本部長が説教だと言ったのは、「命の重みがわかっていない」からだそうだ。私が「命より仕事が大事」と発言したと、上司Aから聞いたという。

一度流産を経験している女性が、なぜ「命より仕事が大事」などと発言したと思うのか、上司Aが何と報告をしたのかはたしかめようもないが、B本部長は私に事実関係の確認もせず、説教を始めた。主人が録音した上司Aとの会話の録音データを確認しても、「命より仕事が大事」という旨の発言はどこにもない。ただ「働き続けたいという思い」が「命より仕事が大事」という考えにB本部長の中ですり替わっているようだった。B本部長の勝手な思い込みで、私は説教されることになった。

「自分は不妊治療をしていたが、妻に妊娠がわかったときには、すぐに妻に仕事を辞めさせた。きみの旦那さんは一体何を考えているのか？」と。またしても退職勧告だ。自分のことを言われるだけならまだしも、大切な主人のことまで引き合いに出されると、とても腹立たしかった。切迫流産から復帰してすぐに「説教」というのは、上司Aの退職勧告と同様にものすごいストレスを感じる行為だった。

もしも、奥さんが妊娠中に職場の上司から筋違いの理由で「説教」などと脅されたら、B本部長はどう感じるのだろうか？　妊婦にこんなストレスを与えるなんて、命の重みがわかっていないのは一体どちらなのだろうか？　そしてB本部長もまた、法律のことはまるで認識していないようだった。

妊娠という幸福な出来事が、責め立てられ、説教され、どんどん突き落とされていく。この上司たちの行為は、私を苦しめようとしてやっているとしか思えなかった。

一度目の妊娠のときに、妊娠の報告ができなかったのは、社内のこのような雰囲気を何となく感じとっていたからだ。「妊娠の報告なんてするもんじゃない」。このときそう思った。

その後通常出社をしてからは、上司Aに言われたとおり、時短勤務もフレックスも使わず、定時通りに勤務をした。ときどき下腹部に強い痛み、鈍痛のようなものがあったが、一度目に流産をしたときの息がつまるような激痛に比べれば、まだ大丈夫と自分に言い聞かせて働いていた。今後も働き続けるためには、何としてでも通常通り働けるとアピールしなければ、会社の理解が得られないと思っていた。

通常勤務を始めたその日、上司Aが私にランチ会を企画するようにと言う。切迫流産で休んでいる間、仕事を替わってくれた人たちに、休んで迷惑かけたことを謝罪し、休んだ理由を自分で説明しろ、というのだった。

まだお腹の子どもが安定していないので、少し待ってほしいと言うと、上司Aはみんな心配しているのだから、謝罪や理由を説明するのは当然と強く言う。また私自身も仕事を替わってくれた人には本当に申し訳ないと思っていたので、みんなにお詫びをして、妊娠していることを報告した。

しかし、通常勤務から1週間後、病院からは赤ちゃんの心拍はまだ見えず、大きさも成長していないと言われた。妊娠5週目。二度目の稽留流産とのことで、またもや入院・手術となった。

病院のベットの上で、ただただ涙が流れた。入院すると時間の流れがとても遅くなる。永遠かと思われるほど長い時間の中で、病室の天井を眺めて、2回も赤ちゃんを失ってしまったことの喪失感に襲われていた……。痛みに耐えながら、ベッドの上で何度も思っていた。

「二度目の流産は絶対に嫌だと思っていたのに……。だから、すぐに上司に報告したのに……」

「なんで、こんな目に遭わないとならないのだろう……。世の中、妊娠して、産休・育休をとって働き続けている女性はいっぱいいるはずなのに……。なんで、私だけ……」

「働き続けながら、子育てしたいと希望することは、そんなにいけないことなのか？　私がいけなかったのか……」

ぐるぐるぐるぐるぐるぐる……失ったものの大きさを噛《か》み締めながら、堂々巡りの疑問が頭に浮かんでは消え、浮かんでは消え……。最後は結局、自分がいけなかったのだと、自分を何度も責め続けていた。

†お前が流産するから悪いんだろ！

二度目の流産の手術後、会社に復帰しその日から残業するなど、これ以後通常通りの勤務をしていた。しかしある日、驚くようなことを聞かれた。

遠くから「お～いっ！」と手を振って呼ばれ、上司Aのデスクまで行くと、いきなり「生理きた？」と聞かれた。またある日には「子作りはもうそろそろ始めているのか？」などと上司Aから聞かれたこともあった。

心配を装いながら、私のプライバシーを覗き見したいという嫌らしさも感じた。ハラスメントする人はオールハラスメントする。マタハラするような人物は、セクハラ、パワハラなんでもござれだ。

それでも私は、ぐっとこらえていた。それはひとえに仕事を続けたかったからだ。転職することも考えたが、妊娠・出産と転職活動を両立させることはとても困難であることが目に見えていたので、慣れた仕事をがんばって続けたいと考えてもいた。

また社内には仲間もいた。同僚の友達は何人もいたし、一緒にプロジェクトをやっているメンバーはいい人たちばかりだった。自分が我慢して、なるべく平穏に、何事もないかのようにしていれば働き続けることができると思っていた。

二度目の流産から2カ月後、私は雑誌のプロジェクトのメイン担当を降ろされ、他のプロジェクトのサブ担当として回されることになった。これも仕方がないと思って自分を納得させて諦めた。

私が1人で担当したポジションには、その後3人の社員（担当2名、アシスタント1名）が引き継ぐことに決まった。当時の業務量を1人で行うには無理があったとしか考えざるを得ない。3人も増員するのであれば、私にアシスタントをつければそれで済んだのではないかと思った。

雑誌の仕事は後任者にきちんとした引き継ぎができていない段階で、私は突然他のプロジェクトに回されることになり、これには納得がいかなかった。私の後をすぐに引き継いだ1人の女性だけが、業務をよく理解できていないまま残業している日が続いていた。私は上司Aに、後任の女性にきちんと引き継ぎさせてほしい、もっとスライド形式で他のプロジェクトに移行するようにしてほしいと訴えたが、聞き入れられることはなかった。

仕方がないと、気持ちを切り替え、新しいプロジェクトの仕事を覚えようとしていると、上司Aから喫茶店に呼ばれ、今度はもう一度雑誌の仕事を手伝えと言われた。だから私は何度も言ったではないか。きちんと引き継ぎさせてほしいと。それを無視しておいて、どの面《つら》で言うのか。そのあまりの勝手さに腹が立った。なので、私は聞いた。

私「雑誌の後任者にきちんとした引き継ぎができていない段階で、別の業務に回されたのはどうしてですか？　そして今度はまた雑誌を手伝えと言われるのはどうしてですか？説明してください」

上司A「なぜ部下のお前にいちいち説明しなくてはならないのか。上司に対する態度がなっていない！」

と質問に対する説明はされず怒鳴《どな》られた。

私「あのとき（自宅に退職強要しに来たとき）と同じですね。また強制ですか？　また命令ですか？」

すると上司Aは数秒しどろもどろになった後、耳をつんざくような大声で怒鳴った。

上司A「な、な……、お、お……、お前が流産するから悪いんだろ‼」

この後のことはあまり覚えていない。大して話をせず、喫茶店を出たと思う。そして、私はすぐに会社のトイレに駆け込んだ。あまりのショックに、自分の動悸《どうき》を抑えるのに、しばらく時間が必要だった。「お前が流産するから悪い」。私はこの言葉に息ができないほどのショックを受け、その後2日間会社を休んだ。

†〝マタニティハラスメント〟という言葉との出会い

コミュニケーション力がなく、自分が説明できなかったり、うまく言葉が見つけられないとだれにでもすぐに怒鳴るこの上司A。けれどこの日、私に対してはただ怒鳴るだけでなく、私が言われて一番傷つく言葉を言った。本当に卑怯だと思った。

もう無理だと、辞めたいと思った。こんな会社では、こんな上司の元ではとても働けない。体調不良と称してその後2日間仕事を休んだが、本当にショックで、一睡もできなかった。

二度の流産で、私は何度も何度も自分を責めた。けれどやはり自分を責めるのは苦しいから、なんとか気持ちを切り替えて、なんとか気分を変えてと自分なりに格闘しながらがんばっていたのに。仕事のことを注意されるならまだしも、なぜまったく関係ない言葉で怒鳴られなければならないのか？　これ以上ないというくらい、深く傷つく言葉だった。最初は傷ついていたが、2日目も終わりになると、そのうち悔しくてたまらなくなってきた。妊娠しただけで、なぜこんな目に遭わなくてはならないのか。普通に働き続けたいだけなのに……。

するとと主人がこんな記事があるよと、『週刊ダイヤモンド』の電子記事を見つけてくれた。「セクハラより多い〝マタハラ〟職場の妊婦への無理解が流産招き少子化解消を阻む」。働く女性の流産・死産の背景には、マタニティハラスメントがあるという記事だった。まさに私のことだと思った。このとき初めて、〝マタニティハラスメント〟という言葉を知った。

私が上司たちにされていることは、このマタニティハラスメントなのではないか。もしこの記事を読まなければ、自分が上司たちからされていることが何なのか認識できないままだった。私は上司Aに「あなたのやっていることは、ハラスメントです。やめてくださ い」と伝える決意をした。そんなことを言えば、また傷つく言葉で怒鳴られるだろうと怖かったが、自分を奮い起こした。

2日間休んで出社したその日、私は上司Aにこの記事のURLを添付してメールを送った。

怒りはひた隠しに丁寧な言葉で、「もっと話し合いや歩み寄りできる関係を築きたいです。世の中でこういうことが起きているので、一度読んでみてください（記事URL添付）」と。

メールを送ると、上司Aに会議室に呼び出された。「こんなことするなら、お前の面倒はみられない、他の部署に回してくれと人事に言うぞ」と脅された。そして「心配でお前の自宅まで行ってアドバイスしたのに、それに対して感謝こそすれ、ハラスメントなどと言うのは何事だ！　お前は性格が悪い」と言う。

自分の退職強要を、良いことをしたと思っていることに驚愕《きょうがく》した。価値観の隔たりがあまりに大きすぎる。

私が「お前が流産するから悪いという言葉は、あまりにひどいのではないですか？」と言うと、上司Aは「そんなことは言っていない」と否定し、この発言を認めることはなかった。これ以上言い争っても仕方がないと思い、「私は上司Aの下で働きたいんです。他の部署なんて考えられません。ずっと上司Aの下で働かせてほしいです。だから、ただ理解してほしいだけなんです」と、下手に出て自分でこの場を終わらせることにした。

するとその日の仕事終わりに、上司Aから突然飲みに誘われた。飲みの席で上司Aはほんの一言、「ごめんね」とだけ言った。すべてを理解したうえで言った言葉ではなく、その場を取り繕うために言った言葉だった。飲んで機嫌が良くなったから、言ったにすぎないこともわかっていた。しかし「もうこれで収めよう」と思った。これでやっとマタニティハラスメントは終わったと、このときはそう思った。

引き際は考えているのか!

「お前が流産するから悪いんだろ」という衝撃の言葉から2週間ちょっと経った頃、上司Aの上司であるC本部長（B本部長の後任）との面談が行なわれることになった。上期、下期に1回ずつ行なわれる恒例の30分程度の本部長面談だ。このC本部長も、この面談以外にほとんど会話した記憶がない。

C本部長「君の身体のことは共有している。わかっていると思って、話してもらっていいから」

ほとんど会話した記憶もない相手から、このような切り出し方で話され、私は当惑した。私自身は、自分の流産のことをほとんど話したこともないようなこのC本部長になど話したくなかったし、今現在妊娠しているわけでもなく、二度の流産後は通常通り勤務しているのだから通常の面談をしてほしいと思った。しかし、最初からテーマは私の妊娠と流産についてだった。

C本部長「今後どうしていきたいのか？」

私「妊娠は希望していますが、働き続けたいと思っています。契約社員では、まだ産休・育休をとった人は少ないかもしれませんが、私は両立して続けていくつもりです」

C本部長「契約社員に産休・育休をとらせることを会社が許すとは限らないし、そうなったときに傷つくのは君なんだから、そんなことは考えない方がいい。考え直した方がいい」

また、退職勧告が始まった。やっと上司Aのマタニティハラスメントが終わったと思っていた矢先に……。一度終わっても、また次、また次とゾンビみたいに這い上がってきて繰り返される組織ぐるみでの退職勧告。終わりがない。

C本部長「自分は2人目の子を設けるときに、2回死産を経験した。死亡診断書を提出しに行ったときの悲しみがあるから、君の流産の苦しみはわかる。妻が働くのは経済的にやっていけない夫婦の場合であって、君の場合はご主人が働いているのだからそうではないだろ。引き際は考えているのか？」

またしても自分の価値観を押しつけてくるC本部長。自分の奥さんを私に投影してくる。しかし、奥さんは奥さん、私は私であり、私の価値観や希望は最初から完全に否定した姿勢で話を進めてくる。また、共働きの夫婦は、経済的にやっていけない夫婦とは、一体どんな狭い視野での決めつけか。

†「妊娠したら女性は家庭に」という価値観

ここまできて、会社のマネジメント層全体が「妊娠したら女性は家庭に」という古い価値観に凝り固まっていることがわかった。そして、産休・育休の基本的知識や、妊娠を理由とする退職強要は法律で禁止されていることなどを会社がマネジメント層に教育していないことも想像に難くないこともわかった。

あとは、会社の役員たちが、契約社員には産休・育休をとらせたくないのだろう、何かしらの会社の方針があって、C本部長は「会社が許すとは限らない」と発言しているように思えた。これは「会社が許す・許さない」の問題ではなく、「法律で決まっていること」のはずだ。子育て支援をするはずの〝くるみん〟認定企業にもかかわらず、このように、制度や法律がまるで実行されていない現実があった。

C本部長の退職強要が続くので、私は「わかりました。引き際は考えます」と告げ、面談をまとめた。

この面談が終った後、上司Aに呼ばれ話す機会があった。新しく回されたプロジェクトでは私はサブ的な立ち位置だったが、「お前は仕事ができるんだから、このプロジェクトはお前がメイン担当と思ってやってほしい」というような内容の話だった。C本部長からは引き際を考えろと言われ、直属の上司Aからは私がメインで仕事をやれと言われる。上司同士が何も情報を共有していない。この矛盾だらけの職場に、ほとほと困惑していた。

二度目の流産の後から、明らかな身体の変化が現れていた。下腹部痛が異常に辛く、市販の痛み止めを通常通りに飲むのでは足りず、何粒も飲んでしまう。それでもなかなか痛みが治まらない。

会社内で希望者には月に1回、産業医（女性）の面談が受けられたので、面談を希望し、自分の身体のことを相談した。

産業医から「なるべく早く病院に行った方がいい。次、妊娠したら安定期まで休んだ方がいい」と言われた。私は、「契約社員だから、休むと契約更新してもらえない」と伝えると、産業医は「そんなことはない。そんなことを言う人事部には見えない」と言ってくれたので、私は、上司A、B本部長、C本部長より配慮のない発言を受け、流産以上の過度のストレスだと相談した。

すると産業医はそのことを人事部に報告すると言ってくれた。私は、仕事を継続したいので、なるべく事を荒立てないようにしてほしいとお願いした。

少しでも第三者に入ってもらい現状が改善できないかと試みた。そんな面談をした後、下腹部にあまりに耐え難い痛みが続き、会社近くの病院に駆け込むと二度の流産による卵巣機能不全と診断された。半年の間に二度も流産したことにより、卵巣や子宮がダメージを受けているようだった。主治医からも「次、妊娠したら安定期まで休んだ方がいい。だが妊娠はしばらく難しい」と言われ、下腹部の痛みも辛かったけれど、何より「妊娠はしばらく難しい」という言葉に目の前が真っ暗になった。

その後、薬と自宅安静により下腹部痛は治まったものの、頭痛とめまい、たちくらみが続き、会社をまた10日ほど休むことになってしまった。医師からは、下腹部痛は流産の影響によるものだが、頭痛やめまいは何かストレスのようなものと言われた。

もう、心も身体も限界だった。

ここまで来てやっと、私は人事部長に相談する決意をした。人事部長は法律をわかっているはず……。そんな私の考えは大間違いだと、この後わかることになった。

†「妊娠は諦めろ!」と人事部長が言う

人事部長との面談は、2人きりで喫茶店で行われた。

人事部長は親会社から出向していて、取締役も兼ねており、実質会社を運営している人物だった。私は人事部長に、自分が卵巣機能不全になったこと、産業医と主治医より次に妊娠したら、安定期まで休むよう言われていることを伝え、「安定期まで休み、その後も契約更新することは可能ですか？」と尋ねた。

もちろん順調に妊娠できれば安定期まで休むつもりなどはなかったが、三度目の流産は何としてでも阻止したく、せめて切迫流産の状態になった場合は、きちんと休めるか確認したかった。

人事部長は「医師の診断があれば、安定期まで休むことは可能。契約更新も可能」と言うも、その後、個人的意見を言わせてもらえば、という前置きをしたうえで「もう辞めたら」と1時間にわたり退職強要をしてきた。

人事部長は「妊娠と仕事の両方とるのは欲張り」「年齢を考えたら、身体を一番に考えるべき」「流産を繰り返し、お前は不器用な人間なのだから両立は無理」「そんなに仕事を続けたいなら一度辞めて、出産して落ち着いてから戻ってくればいい」と言う。

「一度辞めて、戻ってくればいい」は退職勧告の常套句《じょうとうく》だそうだ。待機児童の問題を告げ、辞めたら保育園に入れず、もう仕事ができないのだと伝えたが、人事部長は「そんなことは知らない。自分は、子育てはすべて妻に任せてきた。子どもを作る作業は好きだけどね」と言って笑った。

上司A、C本部長からも退職勧告されていると伝えると、「退職するよう言われて当然」と言われた。そして、最終的にこの人事部長は「仕事に戻ってくるなら、妊娠は9割諦めろ」と言い、その場で退職に同意させられた。「自主退職ではなく、解雇（会社都合退職）にしてください」とお願いすると、「そんなことしたら次の転職に不利なのにいいの？」と言われ、応じてもらえず、退職の日取りも人事部長が決めた。

このときの録音をしなかったことを、私は後悔している。人事部長が退職強要などするはずがないと思い込んでいた。私は甘かった。

これは後から知ったのだが、私以外にもこの人事部長からひどい言葉を言われている女性社員は多かった。「入社して1年は結婚するな」と言われた契約社員の女性もいたし、人事部長に産休・育休を報告すると「お前なんかが親になれるのか。戻ってくるときはまわりに迷惑かけるのだから覚悟しろよ！」と言われた正社員の女性もいた。

人事とはそもそも〝使用者と労働者の間に起こるさまざまな問題を解決する立場の部署〟なのに、その長たる役割の認識がないように思えた。

帰宅して真っ暗な表情で私が主人にこの件を報告すると、「そんなのおかしい！　人事部長はどこにいるの？」といつもは穏やかな主人が珍しく怒った。私も、退職に同意させられたことに納得がいかなかった。それに「妊娠は諦めろ」とは、なんて言葉なのだろう。

ただでさえ、流産を繰り返し、子どもができなくて深い悲しみにいるのに、妊娠を諦めろとは……。

会社と戦おうと言ったのは、私ではなく主人だった。主人は「辞めるのはかまわない。けれど、これは明らかに退職強要による会社都合退職だろ」といった。セクハラ発言などしたら一発クビという職場環境の外資系コンサルティング会社に勤める主人からしたら、〝ありえない〟ことだと感じているようだった。

人事部長の対応はおかしい、やはり仕事を辞めたくないという思いが固まり、人事との退職手続きの場で「退職しません！」と告げた。すると人事より、1カ月後までに退職か、働き続けるか決めろという内容の書面が送られてきた。

その書面には、今後も出退勤が不安定な場合（将来的可能性も）、雇用継続の判断が不利になるという内容の記載があり、暗に「妊娠で休むことは不可」と記載されていた。私は主人に見せ、主人が今度は自分の会社の上司にこの書面を見せた。すると主人の会社の上司たちは「馬鹿な会社だね。自ら証拠を作ってしまっているね」と言ったそうだ。きちんとできている企業とできていない企業では、こんなにも差があるのかと感じた。できていない企業は自分たちが何ができていないかもわかっていない。だから平気で墓穴《ぼけつ》を掘っていく。この書面はのちに有力な証拠となった。会社が何か言ってきた場合、書面にしてもらうのはとても大事だと学んだ。

人事に所属する同僚の女性から聞くところによると、この会社で一番最初に産休・育休をとった正社員女性がひどい働き方をしたそうだ。無断欠勤、無断遅刻が多く、3人産んで辞めていったということだ。そのことが原因で、上層部が〝産休・育休に反対〟という考え方になったのではという。

この人事部の女性は「(私が)仕事の継続を選択した場合は、半年、1年は妊娠しないようにして大人しくしていないと、上司たちからまた(退職強要を)やられるよ」とも私に言った。同世代の女性まで「妊娠するな」と言う。相談すればするほど、マタハラ発言が繰り返される現実に、ただただ信じられない思いだった。

また、私が産業医に相談した後、人事部はどのような対応をしたのかと質問すると、「上司A、C本部長に確認したところ、期限を設けた退職強要ではなかったことから、人事部は特に対応しないとなった」とのことだった。期限を設けない退職強要ならいいのか? なんだろう、その独自の判断は?

相談をした人事部のこの女性は社会保険労務士(社労士)の資格を持っている。他にも人事部には社労士の資格を持った者もいて、法律の知識もあるはずなのに、人事部がまるで機能していないことに愕然《がくぜん》とした。社内にはコンプライアンス部もあるのに、どうなっているのか？

†再びの人事面談へ

そこで、私は労働局の雇用機会均等室に電話相談をした。人事の決定権者である、人事部長に退職強要されたのだから、これで労働局が動いてくれるだろうと思った。

労働局雇用機会均等室の担当者からは「経緯報告書を作成して、人事部に提出しましたか？」と言われたので、そういう書面は自分では作成していないと告げると、「では、経緯報告書を作成して、もう一度人事部に叩きつけ、面談を設定してもらい話し合ってください。それでダメなら紛争を解決するという形（紛争解決援助制度）でお手伝いさせていただきます」と言われた。私に提示されたのは、最初からこの紛争解決援助という手段で、「会社に行政指導するほどでもない」と担当者に頭から言われた。

再度自分1人で人事部とかけ合うのかと気が重かったが、このときの経緯報告書（いつ・だれに・何を言われたか）も後の司法の場で証拠になったし、再度人事部と面談することで録音を録る機会を得ることができた。

経緯報告書を提出して、人事面談が設定された。人事部長と社労士の資格を持つ人事2名。人事2名のうちの1人は、私が相談を持ちかけた同僚の女性だ。しかし彼女はすっかり人事部側に寝返っていて、私はいつも1人だった。

経緯報告書内に、二つの質問と一つのお願いを入れ、回答するよう私は人事部に求めた。

【質問】

①上司Aに対し、医師から診断書等で指導を受けた場合は、その指導を会社側は守らなければならないという母性健康管理制度の情報共有がなされていないのはなぜか？

②人事部長との面談の際、退職を迫る個人的意見が大半を占め、結果、私は退職に同意せざるを得なかった。人事部長の立場で、一連のマタニティハラスメントについての見解を聞かせてほしい。

【お願い】
第二、第三の私のような立場に遭う女性スタッフが現れないようお願い致します。そのためには、社内マネジメント層に対し、妊娠にまつわる制度の基本的知識を指導し、知識不足による安易な行動は未然に防ぐよう努めてください。

この質問とお願いに対して、人事部から来た回答は次のものだった。

【回答】
①上司Aの自宅訪問はあくまで状況確認であり、退職強要などではない。母性健康管理制度などの説明を上司Aにしていないのは、説明する段階ではなかった。
②一連の上司の発言は、あなたの体調を心から心配し声をかけたもの。私たちが本来伝えたかった思いが伝わらず残念でならない。

人事部からの回答は、私の質問に対して的を得ない、無意味な内容だった。「上司Aの訪問は状況確認ではなかった。その証拠となる録音データがある」と私が言っても私の意見を取り合おうとはしなかった。

面談の中で「人事部長は妊娠は9割諦めろと発言するのはどういうことか？」と私が質問すると、人事部長は「妊娠は9割諦めろ」と発言したことは覚えている。だが、そのくらいの覚悟で仕事をしてくれという意味で言った」という。

「仕事をしてくれという意味」と人事部長はうまく逃げたつもりかもしれないが、答えはどの道「できません」となり、紛れもない退職勧告となる。

問題なのは「妊娠は諦めろ」などと言ったのか、言わなかったのかであり、そんなこともわからないこの人事部長はあっさり「発言したことは覚えている」と言い、私は確固たる証拠としてその発言を録音に収めた。「妊娠は諦めろ」という発言自体が、女性には妊娠か仕事かの二者択一を迫るものであり、退職勧告にあたるのだという自覚がまったくない。女性を深く傷つける言葉だということすら、わかっていない。

面談の中で、人事部長が私に「一つ教えてもらっていいですか？」と質問してきた。どんな角度の高い質問が飛んでくるのかと身構えていると「上司Aが自宅を訪問したとき、あなたもお酒を飲んだのですか？」と聞く。「妊娠中なのに飲むわけないじゃないですか！」。私は語気を荒げ、人事部長に怒りをあらわにした。何てくだらない質問か。この人事部長は、そもそも妊娠がどのような状態なのかもわかっていないようだった。

その後も人事部長は、「退職強要とあなたが思っているだけですよ」「あなたが自分で退職を決めたんでしょ」「あなただけ特別扱いなどできない」などと言い、まるで私が悪いかのように追いつめ、自分が退職強要した事実を捻じ曲げようとした。

私はただ、人事に会社に一連の出来事を認めてほしいだけだった。そしてできることなら「傷つけてしまって悪かったね」と一言でもいいから謝ってほしかった。そういう器、懐《ふところ》の広ささえ感じられれば、退職の日にはこの人事部長に「出すぎた真似をしました。お世話になりました。ありがとうございました」と挨拶をしに行こうと思っていた。

それが、最後の最後まで「退職勧告の事実は一切ない」と、私への今までの言動を何一つ認めようとせず、誠意の欠片《かけら》もない。また、私が提出した【お願い】の事項については、何一つ言及がなされなかった。このままでは、第二第三の被害女性が出てしまうことが容易に想像できる。人事部がこのような態度だったので、私は次なる手段を取らざるを得なくなった。

同僚からの情報によると、以前営業にいた女性が直属の上司からセクハラを受け、人事部に相談に行ったときも、この人事部長は「セクハラと感じるあなたが悪い」というようなことを言い、まるで相談に来た女性がおかしいかのように握りつぶしたと聞く。この会社の人事部は、相談窓口どころか、問題揉み消し屋と化していた。

諸悪の根源は、この人事部長なのだとよくわかった。会社の取締役がマタハラ上司であれば、その下のマネジメント層はみんなマタハラ部下に育ち、会社全体がマタハラ会社となるわけだ。〝揉み消す〟なんてことがまかり通ると思うなよ！ 私は会社が事実を認めるまで、徹底的にやろうと決意した。この面談の録音もし、せっせと証拠集めに励むことに頭を切り替えた。

労働局雇用機会均等室に、経緯報告書を人事部に提出しても解決できなかったことを報告した。均等室が会社の人事部を呼び出し、紛争解決の援助に繰り出したが、会社は相変わらず退職強要の事実を認めなかった。

均等室の担当者が人事部長に「女性が働いている職場であれば、いつだれが妊娠してもおかしくないのだから、日頃から母性健康管理制度の存在や、妊娠の不利益取り扱いの禁止など、周知徹底しなければいけませんよ」と諭《さと》したそうだが、人事部長は「間に合っていますす」と答えたそう。間に合っている？　この状態が？　人事部長が「妊娠は諦めろ」と発言する職場が、何を言っているのだろうと思った。

それなのに、均等室の担当者はこれ以上何もできないといい、あっと言う間に打ち切りとなった。どこが紛争のお手伝いである〝紛争解決援助〟なのか？

均等室の担当者に、「録音データがある。聞いてください」と私はお願いしたが、担当者は自分たちは白黒つける権利がないから、録音は聞けないという。では、何のために均等室は存在しているのか？　担当者は、会社側が退職強要の事実を認めないと何もできないという。

つまり、「マタハラしましたか？　退職勧告しましたか？」と均等室が聞いて「はい」と答えた会社でないと対応できないとのこと。そんな馬鹿な会社が、世の中のどこにあるというのだろう？　労働局の均等室も機能していない。私の目の前にはだかる組織という組織が歪《ゆが》んで見えた（2015年1月に全国の労働局に厚労省から通達が出ている。私が均等室を利用したのは通達前なので、その後は対応が改善されていると期待している）。

†最後の日までひどい上司A

これ以上均等室に頼っても進展は難しいと思い、次なるステージ、弁護士探しとなった。自分の人生で弁護士と関わることが起ころうとは、夢にも思っていなかった。弁護士など頼んだことがあるわけもなく、また手探りの作業が始まった。

ネットでどうやって検索して、自分に合う弁護士を見つければいいのだろうか？　いくつか検索して電話したが、すぐに電話相談に辿り着けるところには当たらなかった。仕方ないので均等室からもらったパンフレットにある「日本労働弁護団のホットライン（無料電話相談）」に電話をかけた。

電話口に出てくれた男性弁護士に内容を話すと、「それはひどい！　僕に任せてください！」と力強く言ってくれ、その場で引き受けてくれた。この電話を受けてくれた河村洋弁護士と、もう1人、後にマタハラＮｅｔのサポート弁護士になってくれる新村響子弁護士の2人が私の担当になってくれた。今までずっと1人で戦ってきたので、この2人に出会えたことでどんなにホッとしたことか。この2人の弁護士が、人生最大のピンチを救ってくれたことを、私は一生忘れないと思う。

もともと辞めたくなかった、働き続けたかったので、退職届に「一身上の都合」と書くのがどうしても嫌だった。また、自己都合退職になると失業保険もすぐにもらえない。そこで、弁護士にアドバイスをもらい、以下文面で退職届を提出した。

退職届
一連のマネジメント層の退職勧告、および、人事部長の「(仕事に)戻ってくるなら妊娠は9割諦めろ」の発言について、会社側が退職勧告の事実を認めず、謝罪のない環境では、今後の就労が不可能なため、来る平成○年○月○日をもって退職致します。

この退職届も重要な証拠となる。なぜ辞めることになったのかを、早い段階で残すことが大事だった。書面だけで退職届を人事に提出すれば、つき返される可能性があると弁護士は言う。つき返されたまま会社を辞めれば、無断退職扱いにされ反撃を受ける可能性もあるため、念のためメールで人事部宛にも送信した。退職の際には守秘義務の書面にサインさせられるのだが、それもサインせずに人事部に戻した。

会社と闘い、人事部の汚さ、平気で嘘をつく上司の汚さを目の当たりにしながら、通常業務をこなさなければならなかったこの時期が一番辛かったように思う。主人の励ましがなければ、退職の日まで通えなかっただろう。「もう辛い。会社に行きたくない」と私が言うと、普段は料理などまったくしない主人が、不器用な形の少し大きいオニギリを作って、朝、私に持たせてくれた。「これ持ってがんばってこい。あとちょっとだから」と。

私は足取りの重い職場で、何ども主人のいびつなオニギリをほおばった。

最終出勤日をいつにするか決めるため、上司Aと話し合うこととなった。

社内の契約社員に時短勤務で働いている女性たちがいることを私が問うと、「そのことは頭になくて、考えてみたって（契約社員に）時短がいるのにね、知らなくて……」と言う。知らなかったで、私に対して済まされると思っているのか？　切迫流産中の私にどれほどの苦労を強いたと思っているのか。

上司Aは、「○○さん（契約社員で時短勤務の女性）のことは頭になくて、○○さんの詳細情報は知らなくて、復帰した△△と□□（正社員で産休育休とった方2名）は俺の部下だったから、その2人のことが頭にあって……」「（今となっては私の自宅で退職強要したことを）そんなにあんまり詳しくは覚えていない」「わからない。覚えてない」と言った。

そんな言葉の前に、私に言うべき言葉がないのか？　私にきちんと謝罪しようとは思わないのか？　私が当時のことを問いても、ただ、「あんまり覚えてなくて……」「あんまり覚えてなくて……」と繰り返すばかりだった。覚えてもいないような程度のことを、私の切迫流産中に4時間も私に強要したのか？

あげくの果てに「お前が休んで大変だったから……」といい、「年末年始に飲まないか。愚痴《ぐち》ならいくらでも聞くぞ」と言う。愚痴？　一連のこの不祥事は、私の愚痴なのだろうか？

そして、「お前は性格さえちょっと直せば、どこだって就職できると俺は思うよ」と言い、「外注先として契約しないか？」「アルバイトとして働かないか？」などと言ってくる。正しい制度一つさえ使わせてもらえず、それでもまだ私を使い倒そうとするのか？　人事部にはすでに弁護士に依頼し法的措置を取る旨を伝えているのに、人事部はそれを上司Aにはまったく共有していないようだった。どこまで行っても、至らない人事部だった（これらの上司Aとの会話は、録音より書き起こしたもの）。

上司Aは、最後の最後まで自分の誤った言動を認めようとはしなかった。ここまでくると、この人に情けなんかかける必要はない、徹底的に糾弾しようと気持ちが固まった。

最終出勤日18時。会社を出る際、同僚たちが私に労いの言葉をかけてくれるなか、上司Aが後ろから私を追いかけてきた。

私の目の前に立ちはだかり、「お疲れさまぁ〜」とばかりに両手を大きく広げて、満面の笑みで私を抱きしめようとする。私がその胸に飛び込むとでも思っているのか？　これから私は、この上司Aを含め会社を訴えるというのに。

私は上司を退《しりぞ》け「バカじゃないの！　バカじゃないの！」と溜まりに溜まっていた怒りをぶちまけた。

「本当に何もわかってないんですね？」と捨て台詞をはく羽目になった。上司Aは「わかった。わかった」と言い退散していったが、何もわかってなどいない。これから十分にわからせてやると、火柱のようなものすごい怒りが湧き上がった。

これが、この会社との最後の日だった。

私が退職を余儀なくされたあと、「自分も上司Aにマタハラされました」と私より以前に会社を辞めた女性から連絡をもらった。この上司Aとは、何て罪深い人間なのだろう。私だけではなく、他の女性にもマタハラをして辞めさせていたのだった。

†ついに労働審判へ

担当の弁護士は、私の事例はかなりひどいケースで悪質極まりなく、一つひとつの事実を会社に認定させるためには、民事訴訟の方がいいかもしれないとアドバイスをくれた。

私は、会社に事実を認めさせたいものの、妊娠を希望しているため、何年も裁判で争うことは避け、できるだけ早期解決したいと考えていた。また、訴訟となれば企業名が公表されることになり、それは今も会社で働く同僚たちに不安を与えることになるだろうと思った。会社とは組織とは、こうも守られているものなのか。悔しい気持ちはあったが、まずは労働審判をやって、ダメなら民事訴訟にと、段階を踏もうと決めた。

労働審判とは、2006年に開始した日本の法制度の一つ。労働審判官（裁判官）1人と労働関係に関する専門的な知識と経験を有する労働審判員2人で組織された労働審判委員会が、個別労働紛争を原則として3回以内の期日で審理し、適宜調停を試み、調停による解決に至らない場合には、事案の実情に即した柔軟な解決を図るための労働審判を行なうという紛争解決の手続きだ。労働審判に対して当事者から異議の申し立てがあれば、労働審判はその効力を失い、労働審判事件は訴訟に移行する。

カルテのコピーを病院から取り寄せたり、録音データを書き起こしたり、弁護士と打ち合わせを重ねたりと、労働審判の申立書を作成するのに約3カ月。裁判所に申請をしてから、3回の期日を終えて解決までに約3カ月といった流れで労働審判は行なわれた。

録音データの書き起こし作業は特に辛く、聞きたくもない上司の声をスローで回し、傷口に塩を塗り込むように、上司から言われた言葉の数々を何度も聴いて、書面にしなければならなかった。それはまるで、ナイフで血を流しながら忘れるなと身体に刻み込むような作業で、嫌でも自分の脳裏にこびりついた。私の顔色がひどかったのか、見かねた主人が途中で代わってくれた。

労働審判を起こされたら、会社は無傷では帰れないと言われている。通常、企業はそのような知識があるはずなので、労働審判を起こされないよう人事部で食い止めなければならないのだが、そんな知識のある会社ならそもそもこんなことは起こっていない。

私は録音データや書面など確実なる証拠があったので負ける気はしなかったが、会社が出してきた答弁書は、証拠がないところはそんな事実はなかったと否定し、証拠があるところはそんな意図ではなかったと否定してくるものだった。会社としては、なかなか認めることはできないのだろうが、法を犯した者たちを組織が守るという、そんなことがあってなるものかと思った。

会社からの答弁書には、私への人格攻撃もあった。セカンドレイプならぬ、セカンドハラスメントだった。「金目当てで裁判を起こしている」「権利ばかり主張している」など。正しい制度一つ利用させてもらえていないのに、どこに私の権利などあったというのか。

また、労働局雇用機会均等室が会社を指導しなかったことで、会社側は「労働局も会社に非は見られないと言った」とまるで行政のお墨つきを得たように答弁書に書いていた。

労働審判は1回目の期日で、裁判官の心証はほぼ決まると言われている。質疑応答のある1回目の期日は当事者が来るのが普通らしいが、人事部長含めマタハラ上司たちは逃げてしまいだれひとりとして来ず、人事部やコンプライアンス部の部下たちに尻拭いをさせていた。汚い組織というのは、どこまでも果てしなく汚い。

当事者でもないその部下は、「妊娠は諦めろというこんな言葉本当に言ったのですか?」と裁判官に聞かれても、「えっと、うんと……、わかりません」としどろもどろに答えるだけだった。この人事部の男性は、私と行なった人事面談に同席していて、人事部長が「妊娠は諦めろ」という発言をしたことを認める場面を目の当たりにしていた。にもかかわらず、正しいことは口にしない。裁判官は「問題のある会社ですね」と言った。

なかなか認めない会社を、裁判官含めた審判員で「いい加減認めなさいよ」と叱ってくれたそうだ。「切迫流産で休んでいる女性に対し、契約がどうのこうのと言いに行く場面ではないでしょ。まずはゆっくり休みなさいでしょ。それが人として当然の言葉ではないのですか」と会社に言ってくれたという。

私の労働審判は、私の要求がほぼすべて盛り込まれた調停案で解決することができた。調停条項には「相手方（会社側）は、申立人（私）に対し、社内における就労環境に対する配慮に至らない点があり、契約社員の時短勤務に関して誤った説明をするなど、法の趣旨に反する言動や不適切な発言があったことについて陳謝する」という謝罪の言葉も入った。そして、当たり前のことだが、今後は法令を遵守するといった内容もあった。

一般的には、会社側は解決金を支払う代わりに、労働者に対し口外禁止を約束させる。私はこの時点ですでにメディアの取材依頼を受けていたので、口外禁止の条項に同意できないと言った。すると会社側は、すでに決済を通してきたから、3回目の期日内に終わらせたいというようなことを言い、上司名・会社名・企業が特定できるような内容を言わなければ、私が自分の体験談を語ってもかまわないとした。マタハラ問題がここまでの国民的な議論になるとは思っていなかったのだろう。会社側のこのときの判断のおかげで、このような本も出版できたし、今のマタハラNetの活動がある。

外資系企業であれば考えられないことだが、私にマタハラした4人の上司たちは、今も変わらず同じ会社に同じ役職のまま勤めている。会社には、今後私のような被害者が二度と出ないようにしてもらいたいし、「知らなかったから……」などという最も低レベルな要因でマタニティハラスメントが起こらないよう、この4人の上司含めたマネジメント層に対し、まずは法律の知識をきちんと指導し、知識不足による安易な行動は未然に防ぐよう努めてもらいたい。

これが私のマタハラ体験だ。

もしかしたら私は、顔出し名前出ししてメディアに出る強い女、マタハラ問題という難しい問題に立ち向かう特殊な人、変わり者くらいに思われているかもしれない。そんなことはまったくなく、普通と変わらない当たり前の日々を過ごし、家族や友達に囲まれながら、ごく平凡な幸せを望む、どこにでもいる一般の女性だった。

私はただ、会社が非を認めてくれればそれでよかった。にもかかわらず、最後の最後の最後まで、会社は私に〝許す機会〟を与えてはくれなかった。私はやり場のない怒りを抱えることとなった。そしてその〝怒り〟が、すべての始まりとなった。

†北風と太陽――怒りのエネルギーの使い方

労働審判が終わっても、私の中には悶々《もんもん》とした鬱憤《うっぷん》が残った。忘れたくても、とても忘れられない。この鬱憤がときどき痛みを伴って、胸の奥で疼《うず》いた。

上司がしたことと、私の流産とは因果関係の立証ができないので、その関係性についてはだれも何もわからない。だから、流産に対する慰謝料もない。

ただ、結果が同じ流産であっても、きちんと医師の診断の下に休んでしてしまった流産と、上司が自宅に来て出社しなければならなくてしてしまった流産とでは、私にとって受け止め方がまるで違う。もちろん、出社することを選んだのは私だ。だから自分のことは何度も何度も責めてきた。

けれど、今でもやはり思ってしまう。あのとき、自宅に上司が来なければと。時間を巻き戻せて、あのとき自宅に上司が来なくて、しっかり安静にしていたら、今ごろこの胸に可愛い赤ちゃんを抱くことができたかもしれないと。そう考えてしまうことを止められずにいた。

主人は子ども好きで、子どもがいる私の友達に会ったりすると、自ら進んで「赤ちゃん、抱っこさせて」という人だ。結婚当初は「3人は子どもがほしいね」と微笑みながら語り合っていた。そんな未来は大きく変わってしまったし、主人の家族にも私の家族にも孫の顔を見せることができないでいる。

私の中にある怒りがときどき顔を出し、私を苦しめた。「あんな無能な上司じゃなかったら」「なぜこんなひどい上司たちに出会ってしまったのだろう……」。仕事もなく家にいると、この悶々としたマグマのような怒りが沸々《ふつふつ》と湧き上がる。ときどき、上司たちに対する殺意まで抱いた。けれどそのたびに、「私は今なんということを想像したのだろう」と激しい自己嫌悪に陥るのだった。やり場のない怒りの感情に、自分が潰されそうだった。

喜怒哀楽の中で、怒りのエネルギーは凄まじい。自分ではコントロールが利かなくなるほど、自分で自分の怒りに振り回されていた。

私は考えた。このマグマみたいなエネルギーを何かに使えないか。何かの役に立てないかと。

そのとき頭の中で何度も何度も思い返したのが、祖母が私の幼いころに読んでくれた、イソップ物語の「北風と太陽」だった。

北風と太陽が競争をする。旅人の服を脱がせないかと。先に旅人の服を脱がせた方が勝ちだ。北風は旅人に思い切り強い風を吹く。強風で服を吹き飛ばせないかと。しかし、風で煽《あお》れば煽るほど、旅人は服を飛ばされてはなるまいと、余計に身を屈め、服を強く握りしめる。北風は旅人の服を脱がせることに失敗する。次は太陽の番だ。太陽はただ朗らかにさんさんと、暖かな日差しを輝かす。すると、その暖かさに旅人は自然と自ら服を脱ぎ、湖畔で泳ぎ始める。結果は太陽が勝ちというお話だ。

太陽のように朗らかにとはできないが、この怒りの負のエネルギーをどうにかできないか。何か正の方向に向けられないか。何か生産性のあることに使えないか。私の怒りの渾身の一撃が、「マタハラNet」だったように思う。

私のような思いを他の女性にさせたくない！　被害女性からのメール相談を何度も何度も受けることで、私の怒りは少しだけ浄化した。活動に集中し忙しく生活することで、自分の中にある怒りとは向き合わないようにした。流産や失業を含め、一連の出来事は私の人生を大きく狂わせ、一生忘れることはできないだろう。けれど、同じマタハラの被害に遭う女性を支援することで、私自身が一番マタハラNetに救われた。私は、マタハラNetを立ち上げたことを通して、怒りのエネルギーの使い方を学べたように思う。

そしてこれが、無事に産むことが叶わなかった赤ちゃんへの私なりの償いのかたちだ。

なぜ私がバッシングが来ることをわかりながらも、実名を出し顔を晒し、捨て身でメディアに出ることができたのか。それは、私に子どもがいないからだ。私は2回の流産を、何の意味もないことにしたくはなかった。

親友から、「さやちゃんの流産は、マタハラNetを立ち上げるためにあったんだね。マタハラNetを立ち上げてという、赤ちゃんからのメッセージだったんだね」と言ってもらえたとき、私は自分が少しだけ救われた気がした。

第2章 「マタハラ問題」のすべて

――マタハラ4類型から考える

ここまでは私自身のマタハラ体験を紹介してきた。

もちろん私の体験はあくまで一つの事例にすぎないため、一般化することはできない。そこで、本章からは、より客観的なデータやマタハラＮｅｔに寄せられた実例をもとにマタハラ問題を紹介したい。

†マタハラとは何か

「はじめに」でも紹介したが、マタハラとはマタニティハラスメントの略で、働く女性が妊娠・出産をきっかけに職場で精神的・肉体的な嫌がらせを受けたり、妊娠・出産などを理由とした解雇や雇い止め、自主退職の強要で不利益を被ったりするなどの不当な扱いを意味する言葉だ。

そもそもハラスメントとは、本人の意図に関係なく発言・行動などが相手を不快にさせたり、尊厳を傷つけたり、不利益を与えたり、脅威を与えることをいう。

マタハラは、「セクハラ（セクシャルハラスメント）」「パワハラ（パワーハラスメント）」とともに、働く女性を悩ませる三大ハラスメントの一つとされている。セクハラとは、本人が意図する、しないにかかわらず、相手が不快に思い、相手が自身の尊厳を傷つけられ

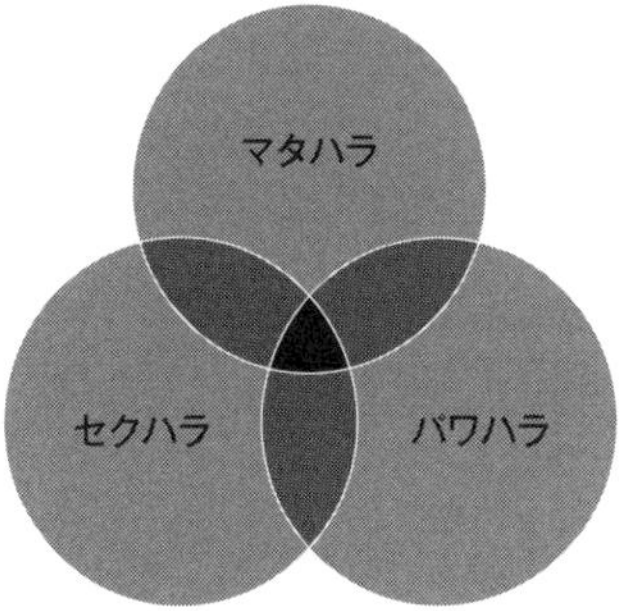

図表3　マタハラには「セクハラ混合型」と「パワハラ混合型」がある

たと感じるような性的発言・行動を指す。パワハラとは、同じ職場で働く者に対して、職務上の地位や人間関係などの職場内の優位性を背景に、業務の適正な範囲を超えて、精神的・身体的苦痛を与える、または職場環境を悪化させる行為をいう。

この三つのハラスメントは、一つひとつに分断されているわけではなく、図表3のように混合型として重なる部分がある。

セクハラ混合型のマタハラには、「お腹が大きくて見苦しい」といった身体的特徴について非難をしたり、「子作りはしているのか」「予定日がその日ということは、いつ〝した〟のかわかるよ」といった女性のプライバシーに踏み込む、性的嫌がらせ発言などがある。

パワハラ混合型のマタハラには、「クソ妊婦」「妊婦はお荷物」と人格そのものや名誉を侵害するような言葉がこれに当たると思われる。

２０１３年の日本労働組合総連合会（以下、連合）の調査では、セクハラ17％を大きく上回る25・6％（4人に1人）がマタハラ被害を受けたとの結果が出た。２０１５年の発表でも20・9％（5人に1人）といずれも高い数字で、いつだれがマタハラ被害を受けてもおかしくないように思われる。妊娠中の嫌がらせによる流産・早産の危険性もあり、マタハラの被害の実態は、よく知られる「セクハラ」よりも深刻であるといわれ、対策が急がれている。

日本は未だに第一子の妊娠を機に、6割の女性が仕事を辞めている。育児休業を利用したあとに職場に復帰した割合は、正社員で43・1％、パート・派遣などの非正規社員はわずか4％に留まっている。

少し前までは「寿退社」という言葉があったように、結婚や妊娠を機に多くの女性が仕事を辞めていた、もしくは辞めるのが美徳と思わされていた、または辞めさせられていた。マタハラは今に始まったことではなく、男女雇用機会均等法が成立して今年で30年。ずっと根深く残ってきた、とり残されてきた問題だ。それがようやく顕在化したのが〝今〟といったところではないかと思う。

†マタハラは感染力の高い伝染病

〝マタハラは感染力の高い伝染病〟と私は言っている。

女性はだれしも妊娠する可能性を秘めている。1人の女性にマタハラをすれば、それを見ているまわりの女性社員にも感染し、いずれ自分もされる可能性があると考えて、黙って辞めていく。黙って辞めていかれると会社はなぜ女性社員が流出していくのか、いつまでたっても気がつかない。マタハラは1人の女性社員に対するハラスメントではなく、女性社員全体に対するハラスメントとして伝染していくことを知っていてもらいたい。

どうやって伝染していくかというと、〝マタハラはグラデーション化して広がる〟と説明している。違法性が明確なものを〝ブラックマタハラ〟、ただちに違法とは言えないけれど問題視すべきものを〝グレーマタハラ〟と呼んでいる。

ブラックマタハラには、解雇や退職強要などの不利益な扱いのほかに、必要な業務情報を共有しない、時短勤務を申請しているにもかかわらず、夕方以降に重要な打ち合わせを入れる、などの就労環境を害する行為などが含まれる。

ブラックマタハラには、次のような実例が挙げられる。

切迫早産の診断を受けて、妊娠中に仕事に戻れないことがわかった女性に、「ケジメをつけろ」と退職強要すること。妊娠中、勤務が深夜に及ぶこともあり、仕事量を減らしてくれ、と求めると「そんな正社員はいらない」「アルバイトになるか辞めてもらうしかない」と退職強要もしくは雇用形態の変更を強要すること。産休に入るのがわかっているので、「労基（労働基準法）的に年俸は減らせないから、評価を下げるしかない」として「不利益な査定」をすること。

グレーマタハラには、「同時に育休を取らないように、女性社員同士で産む順番を決めろ」と女性の妊娠に対する自己決定権を侵害したり、「妊娠は病気じゃない」「妊娠しても他の社員と同じように働いてもらう」と妊娠による体調不良の報告を躊躇させる、我慢を強いるような言動が挙げられる。

そして、社内で起こるブラックマタハラ・グレーマタハラは、〝ライトグレーマタハラ〟として社外にまで漏れていく。最近の大学生は、仕事とプライベートを両立しながら働き続けられる会社を求めている。就職活動中の学生の耳にまで噂が届けば、新たな人材確保にまで影響を及ぼすことになる。

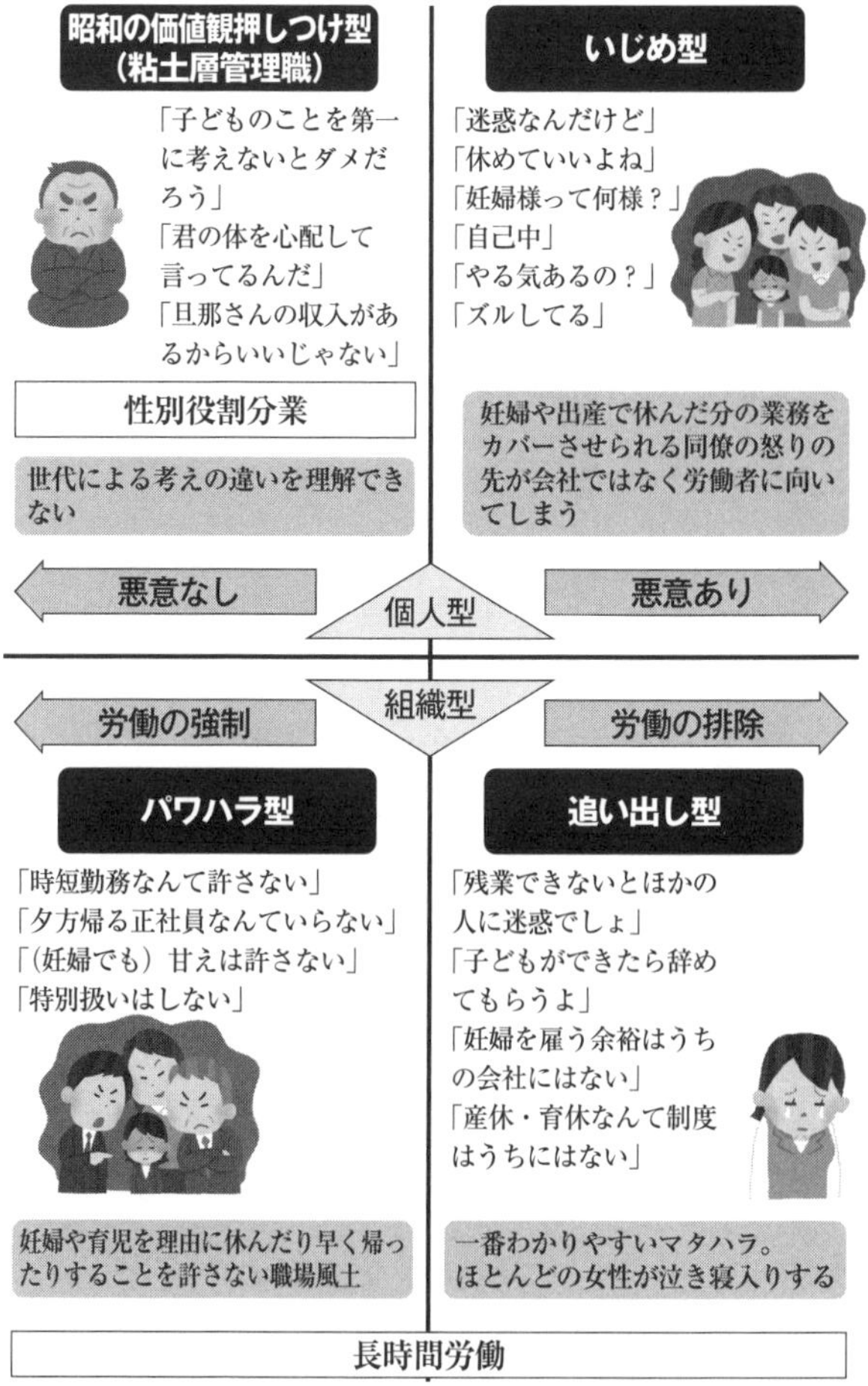
昭和の価値観押しつけ型
（粘土層管理職）
「子どものことを第一に考えないとダメだろう」
「君の体を心配して言ってるんだ」
「旦那さんの収入があるからいいじゃない」
性別役割分業
世代による考えの違いを理解できない
いじめ型
「迷惑なんだけど」
「休めていいよね」
「妊婦様って何様？」
「自己中」
「やる気あるの？」
「ズルしてる」
妊婦や出産で休んだ分の業務をカバーさせられる同僚の怒りの先が会社ではなく労働者に向いてしまう
悪意なし
個人型
悪意あり
労働の強制
組織型
労働の排除
パワハラ型
「時短勤務なんて許さない」
「夕方帰る正社員なんていらない」
「（妊婦でも）甘えは許さない」
「特別扱いはしない」
妊婦や育児を理由に休んだり早く帰ったりすることを許さない職場風土
追い出し型
「残業できないとほかの人に迷惑でしょ」
「子どもができたら辞めてもらうよ」
「妊婦を雇う余裕はうちの会社にはない」
「産休・育休なんて制度はうちにはない」
一番わかりやすいマタハラ。
ほとんどの女性が泣き寝入りする
長時間労働

図表4　4つのマタハラ類型

†マタハラ4類型から考える

2015年10月現在、マタハラNetには180件を超える被害相談が寄せられている。その相談内容をもとに、マタハラを四つの類型に分類した。

まず、大きく〝個人型〟と〝組織型〟がある。〝個人型〟とは、主に直属の上司や同僚などから行なわれる行為を指す。〝組織型〟とは、主に社長・取締役などの経営層・人事担当者・労務担当者など人事労務管理などにおいて一定の権限を与えられている者などから行なわれる行為を指す。後述するが、本来マタハラを防ぐはずの人事部や経営層からマタハラされたという実態調査がある。私の体験ケースも組織ぐるみでマタハラされている。

†マタハラ類型①――昭和の価値観押しつけ型

それでは、それぞれの類型について説明しよう。

まず、個人型の一つに〝昭和の価値観押しつけ型〟がある。「子どものことを第一に考えないとダメだろう」「君の体を心配して言っているんだ」「旦那さんの収入があるからいいじゃない」。これらの言葉の後に「だから、辞めたら」と続くと完全なるブラックマタハラとなる。

　ここは、性別役割分業の意識（男性が外で仕事をして、女性が家事育児を担ってという性別による役割分担の意識）が根づいている。女性は妊娠・出産を機に家庭に入るべき、家庭を優先すべき、それが幸せの形だと思い込んでいることから起きてしまうマタハラだ。

　こうした古い価値観に凝り固まっているために、企業の組織改革の妨げになりやすい40～50代の中間管理職のことを〝粘土層管理職〟と呼んだりもする。経営層が意識改革を呼びかけても、狙いが伝わりにくく、彼らが間にいることで部下や現場レベルにまで浸透していかないことから〝粘土層〟と呼ばれている。砂や砂利は水を通すが、粘土は水を通さないという地層に喩えられている。伝統的なサラリーマンの男性中心主義から抜け出せず、女性活用やワークライフバランスの推進を積極的に受け入れようとしない上司として問題視されている。

　粘土層管理職にも、紙粘土と固粘土がある。娘がいて孫が生まれたりすると、育児と仕事を両立する娘の姿を見て、多少価値観が変わる可能性があるのが紙粘土だ。一生価値観が変わることなく、そのまま終わるのが固粘土である。

　また、昭和の価値観押しつけ型は〝間違った配慮上司〟とも言える。「妊娠した女性に精神的・肉体的に厳しい仕事をさせるのは可哀想だろう」「夫や子どもがいる女性は重要な仕事から外した方がいい」「家庭を持つ女性が夜遅くまで残業するのは気の毒だろう」などと思い込み、女性側の意思は無視して仕事から外してしまうケースだ。

このように、昭和の価値観押しつけ型は、女性は家庭にいるのが一番の幸せだという偏った価値観から起こってしまうマタハラのため、〝悪意なし〟の方向にベクトルは向く。悪意がないからといって許されるわけではなく、悪意がないからこそ余計にたちが悪いとも言える。

また昭和の価値観押しつけ型のマタハラは、女性の中にも存在するし、職場に限らず家庭や地域にも存在する。同じ女性から「子どもを保育園に預けること自体、母親として失格だ」という内容のメールをもらったことがある。自分の家族または義理の家族から「育児しながら働くなんて、子どもが可哀想」と言われ、働き続けたいにもかかわらず、女性の希望が叶わないことも起こっている。

以下、こうした昭和の価値観押しつけ型のマタハラとはどういうものか、実例を見てみよう。

【ケース1】Dさん（医療系専門学校講師／契約社員／約3年勤務）

週の半分は医療系の専門学校で講師、1日は治療院。それから往診に講習会の助手に勉強会等々、忙しい日々を送っていたDさん。珍しく風邪の症状がなかなか抜けず、順調だった生理が来ないので、時間を何とか作って医者へ行かなくてはいけないなと思っていた矢先だった。

往診を終えて講習会へ向かう途中、下腹部の痛みと違和感が大きくなり、大量の出血があった。これはまずい!! と思い、その後初めて行った産婦人科で妊娠12週、「切迫流産だ」と告げられ、出血が止まるまで安静を言い渡された。

忙しい日々から一転して、自宅で寝たきりの安静となりすべて仕事は中断。出血の様子をみながら、だるくて重い身体を引きずって這うようにして学校へ連絡をした。代講する先生への負担や学生たちのことが心配で、なるべく早く出勤したかった。しかし、出血はなかなか止まらず、結局1カ月の欠講となってしまった。それでも、時期的にちょうど夏休みにも入り、休み明けには復帰できるという見通しがついた。

ところが、急に理事長から「欠席届もなく無断欠勤するのは、教師として不適格だ」という話があり、直接電話で話すことに。連絡がないことを責められたため、学科長に

1週間ごと、逐次連絡をしていたことを話すと、「自分は知らなかった」と言う。

そこで話は終わらず、「出産前後に休むというのは、生徒に対して失礼だから辞めるべきだ」などと言われ驚いた。その後も「お腹の子どものことを第一に考えるべき」「働くのは論外」「だから独身男性を採用したかったんだ」などという差別的な言葉を次々に浴びせられた。医療系の学校なので妊娠出産の経験は生徒に還元できる、とDさんが伝えたところさらに逆上して、「人事権を握っている自分にモノを言うとは何事だ」とあくまで復帰の余地はないと言う。

それ以来、理事長とは一切直接話をすることも、顔を見ることもなかった。どうしても職場に戻りたい。どんなに学生たちも不安だろうと思うと、どうしてこんなときに妊娠してしまったのだろうとさえ思った。また、今まで学生のためを思って昼も夜も頑張ってきたのに、「妊娠した」という事実だけで、ゼロどころかマイナスになってしまうことが本当にショックだった。

もともと元気な方だったので、今まで感じたことのない状態にある自分の身体もとても不安だった。自分の身体なのに、どうなっているのかわからない……。それでも、ここであきらめて辞めてしまったら、自分が悪いことになってしまう。今までやってきたことが、水の泡になってしまう。もしこれから産まれてくる子どもが女の子だったら？　その子が大きくなったとき、こんな社会を手渡したくないと強く思った。

まずネットで労働相談に乗ってくれるところを探し、労働組合の無料相談に電話した。すると労政事務所（現在の労働相談情報センター）が良いのではと教えてもらい、労政事務所に電話相談。そのうえで、事務所まで行って詳しく話を聞いてもらい、「妊娠による不利益扱い」ということで斡旋に入ってくれることになった。

責任者は理事長なのに、交渉の場には一切出てこず、代理で対応する方は状況も問題も理解していない。そのうち「妊娠で解雇」というのはまずいと職場が気づき、「連絡不行き届き」、つまり欠講を書面で出さなかったのが問題だった、などと解雇の理由をすり替える始末。そんな指示は言われたこともなく、そう記された就業規則など見たこともなかった。

何度か斡旋をしてもらっても埒があかず、結局、後期の授業にも戻れないまま年を越して、出産となった。出産したことを上司の先生に知らせると、しばらくして「新しい職場を探したらどうか」という話を突然され、「3年という契約で終わるから」と告げられた。さらに「（学校側は）弁護士を雇うと言っていたから、揉めるのはあなたのためにならない」と脅された。

そこで、労政事務所の方や知人の勧めもあり、個人で加入できる女性ユニオン東京という労働組合の組合員となり、団体交渉を申し入れた。

労働組合には団体交渉という権利がある。1人では雇い主という立場の強い者と交渉するのは大変なので、組合員同士が助け合って団体で交渉するという権利だ。その結果、週1回午後の補習授業に職場復帰させること、以前の給料の約半年分の解決金を支払うことなどの内容で、やっと授業に戻れることになった。子どもはこの頃9カ月になっていた。

その後、復職をし、週末になると授業の準備、授乳を済ませて夕方出かけ、帰りは夜11時近くという形の勤務が始まった。乳飲み子を抱えての夜の勤務は大変ではあったが、また教壇に立てるというのは本当に嬉しかった。新年度には正規授業に戻してもらえることを信じて頑張った。

そして年明け、新年度の雇用について団体交渉を申し入れたところ、教員に欠員がなく、また補習担当だという提示がされた。それでは話が違いすぎる！　復帰前に交わした協定書では、新年度の体制については事前に協議する、という内容もしっかり明記されていたのに。それから再度団体交渉をしたが、学校側の態度は埒があかないため、都庁の労働委員会に斡旋を申請した。

学校側の主張としては、すでに「妊娠出産による解雇」についてはなかったことになっており、Dさんの休職の間に雇った人員で充足しているので、正規授業に戻すことができないというものだった。その後斡旋を何度も重ね、1年が過ぎ、次の新年度も同じように過ぎようとしていた。このままずっと正規授業に戻れない虚しさに、Dさん自身あきらめの気持ちが大きくなっていった。

これ以上斡旋を引き延ばす利点はない、という判断で調停に応じ協定書を結ぶことにした。協定書には、希望に添えなかったことに対する「形だけの遺憾の意」の記載があり、いくばくかの解決金が支払われた。そして退職。長かった闘いが終わった。子どもは3歳になっていた。

【ケース2】Eさん（広告制作会社／デザイナー／正社員／約7年勤務）

従業員100人ほどの会社。大手クライアントを任され、チームリーダーもしていたのに、Eさんは妊娠を告げた直後からマタハラを受けるようになった。

妊娠初期のため、安定するまで妊娠を他言しないよう社長（男性）にお願いして報告したのに、職場内で妊娠していることが噂されるようになった。退職勧告、仕事外しが始まり、通常の業務をこなしているのに、定められた休暇以外に休みをとるよう強要されるようになった。不当解雇はされなかったが、そのぶん陰険だった。

産後の復職について難色を示され、社長からは「家に帰って奥さんと子どもがいないのは、旦那さんが嫌がるだろう。オレだったら嫌だ」「休んで、母親としての仕事をちゃんとしろ」とも言われた。担当業務の引き継ぎを強要され、結局担当していた業務を外された。

入社してからわかったのだが、妊娠すると女性社員はみんな辞める会社だった。それは社長が「女は妊娠したら錆びたナイフ。使い物にならない」と豪語し、育児しながら働き続けることができない職場環境を作っているからだった。社長は従業員ひとりひとりを呼び出し、Eさんを解雇に追いやるような重大なミスはなかったか、と聞いて回っていた。

ストレスからか、切迫流産になり休職することになった。休職してまず労働局の雇用機会均等室に連絡した。しかし、解雇される、給料が下がる、査定が下がる、復職を拒否されるなど、具体的な不利益にならないと行政は動けないという。雇用機会均等室の調整官が会社側に聞き取り調査をしたが、会社側は一部誤解があると主張し、一部は配慮に欠けていたところもあると回答したが、具体的な内容はEさんには共有されなかった。その後も会社側の対応には積極的な問題解決の姿勢や誠意は感じられず、このやりとり自体がさらなるストレスとなった。

他の手はないかと調べたところ、女性ユニオンを通し、団体交渉の申込みをするという方法を知った。以前から個人的に求めていた会社でのEさんの立場について、団体交渉を通して書面回答を会社に求めると会社の態度は一変した。社労士と弁護士を交えて、対策会議を開いて対処したという。

休職したまま産休・育休に入り、産後1年近く経って復帰した。Eさんは復帰と同時に部署を異動させられ、別のフロアーの片隅で、以前とは違うマイナーな仕事を1人で担当させられた。メイン担当だったクライアントからは外され、2軍のように扱われたと感じた。またEさんの育児の都合を考慮する必要はないという上司の指示が回され、保育所の迎えのある夕方に、配慮なく頻繁に打ち合わせのミーティングが計画されるようになった。そのたびに、お迎えのために参加できない旨の通知を出し、打ち合わせ時間の変更をお願いするというメールのやりとりをする羽目なった。

こんな職場で働き続けることはできないと、復帰して4カ月後に退職した。そして、育児をする人も働きやすい自分の会社を作った方が良いと考え、同僚と共同経営者となって起業することに決めた。Eさんはその後2人目を無事出産。1人目のときにストレスで切迫流産になったことを思うと、環境がいかに大事かと実感した。


【ケース3】Fさん（ホームセンター／パート）

働き始めて3～4カ月後、Fさんは仕事当日の早朝に出血し、急いで産婦人科に。そこで妊娠していることを始めて知った。切迫流産になりかかっているとのことで、緊急入院に。妊娠の報告と切迫流産で入院しなければならない説明と、仕事を当分お休みさせてもらうことを店長に話したところ、店長から返ってきた言葉は、「妊娠で切迫流産となると、退社してもらうことになるねぇ」だった。

入院して4～5日後に、男性社員がお見舞いと称して、退職届を持ってきた。退院後、「妊娠で退職するのはおかしいと思うので退職はしません」とはっきりとFさんは意志を伝えたが、店長は「あ～、それはできないよ。だって、妊婦がレジにいたらお客が気を使うでしょ。仕事だって、重い物を持ったりするから無理でしょ。それで、お腹の赤ちゃんにもしものことがあったら、いい噂がたたないでしょ。それに、退職届はもう本社に出しちゃったから無理だね」と言う。「えっ！　名前しか記入してないのを、何で勝手に出すんですか？　他の住所や退社理由など空欄の所はどうしたのですか？」と尋ねると、「僕が書いて出しちゃったよ。妊婦はおウチでのんびりしていればいいし、それでも働きたかったら、食品のレジとか楽な仕事をほかで探せば」と。

Fさんはご主人に相談し、再度店長に話をしにいく。このとき、店長に許可をもらい会話を録音した。そして本社の人事課に、退職届の返還と不当解雇という内容証明を送ったが、店舗で起こったことは本社には関係ないとの対応だった。

労働局にも出向いたが、大企業と主婦、相手にもしてもらえず、「裁判すると時間とお金がかかります。調停だと、調停員が他にも事案を抱えていますので、もっと時間がかかりますよ。あなただけではないのでねぇ。さて、どうしますか？　考えが決まったら連絡ください」と事務的な冷たい対応をされただけだった。そこで、弁護士さんにお願いし、身重な体で会社を相手に裁判をすることになった。

録音した内容と尋問での店長の回答が異なり、真実を述べていないということから、企業側がFさんの要望をすべて飲む勝利的和解で解決。Fさんの要望は、この会社で働く女性たちが妊産婦になっても、安心して働き続けることができるよう企業側に約束してもらうことだった。解決金をもらって、自分だけの解決で終わりにしたくなかったからとFさんは言う。

†マタハラ類型②――いじめ型

個人型の二つめは〝いじめ型〟だ。

「迷惑なんだけど」「休めていいよね」「妊婦様って何様！」「自己中」「やる気あるの？」「ズルしてる」など。妊娠・出産で休んだぶんの業務をカバーさせられる同僚の怒りの矛先は、本来なら業務管理や人員管理をするマネジメント層や会社に向かうべきだが、同じ労働者である妊娠や育児中の女性に向かってしまう。

上に物申すより、弱者のほうが不満をぶつけやすいということもあるし、「勝手に妊娠したのになぜフォローしなければならないのだ」という不公平さもあるだろう。なので、〝悪意あり〟にベクトルは向く。

しかし、これでは会社の思う壺で、労働者同士いがみあわせておけば、マネジメント層や会社には責任が一向に向かわず逃げおおせてしまう。そしてその職場はだれかが抜けるたびに、労働者同士でいがみ合い、足を引っ張り合い、いつまでたっても改善されていくことはない。

マタハラという言葉の認知度が上がったのはここ1年くらいのことだが、そんななかですぐに〝逆マタハラ〟という言葉ができたのもマタハラ問題の特徴だと思う。大企業であれば一時的に人員を補塡することが可能かもしれないが、中小企業であればそうはいかず、残った社員にしわ寄せがいってしまう。

マタハラ解決のポイントとなるところだが、フォローする上司・同僚の評価制度の改善、カバー分の対価の見直し、また結婚・妊娠の選択をしない人にも長期の休暇がとれる制度の導入などを必ず行なわなければいけないと思う。また、小規模な企業にとっては、1人でも人員が抜けることが死活問題となることもありうる。企業だけの責任にせず、自治体や政府からそういった企業への援助というのも今以上に必要だと思う。

逆マタハラという言葉には、制度を悪用して権利ばかり主張する女性も含まれている。第一子の妊娠を機に6割の女性が仕事を辞めるという実態から、このような女性は現状ごく少数と思われるが、職場の中でワル目立ちしてしまい、次に産休・育休を取得する女性にまで影響を及ぼす。「妊娠した女性は扱いにくい」「育児をしながら働く女性は使えない」と一括りにされてしまう可能性があるからだ。

制度を利用するうえでの女性側のマナーも必要だと思う。このような〝お妊婦様〟と呼ばれる女性を出さないために、日頃から産休・育休取得の心得の共有も必要に思う。先輩取得者から、これから取得する可能性がある社員（男女問わず）への手ほどきを行なうと良いだろう。

このようなコミュニケーションの場を設ける際に注意しなければならないのは、先輩取得者がスーパーウーマンだったりすると、「私は先輩のようには子育てしながら働けない」となってしまい、脱落させてしまうことになりかねない。できればいくつかのタイプ別の先輩社員と座談会ができるといいように思う。

そして、マネジメント層への教育だけでなく、同僚間でも日頃から法律や制度の周知徹底を図ってほしい。中には、産休・育休中も会社から給料が支給されていると勘違いしている人たちも多い。その誤解が「休んでも給料もらえていいよな」「給料泥棒だな」などといういじめ型の言葉につながる。知識不足や誤解によるいじめは未然に防いでもらいたい。

【ケース4】Gさん（大学／教員）

妊娠6カ月。安定期に入ったということで、Gさんは職場に妊娠を公表した。すでに上司には報告していて、体調を気遣ってもらえていた。しかし同僚たちに公表したところ、後日、Gさんのいないところで、「産休・育休って給料もらえるんだよね？　いいよね。何にもしなくても、給料もらえるなんて」と女性の事務職員に何人かの同僚が話していたことがわかった。

直属上司及び全体の上司はとても理解のある方で、「頑張ってほしいけど、自分のできる範囲でいいから。出産経験のある事務の人にいろいろ聞いたらいいよ」と、驚くくらい配慮があった。にもかかわらず、その半面「何もしなくてもお給料もらえていいな」の同僚たちの発言には、怒りを通り越して愕然《がくぜん》とした。

その発言を聞いて、すでに数週間が経つ。時間が解決してくれるかなと思っていたが、なかなか気持ちが収まらない。マタハラの痛みは受けてみないとわからないと知った。大学はまだまだ男性社会で、男性教員の率も高い。もちろん、平等なところもあるが、制度設計自体、男性優位なのもひしひしと感じるとGさんは言う。

【ケース5】Hさん（法律事務所／弁護士）

人権擁護を声高に訴えている法律事務所。長男を出産し職場復帰した後、職場の経営者弁護士1人の態度が急変した。Hさんが挨拶しても返答してもらえず、話しかけても嫌味を言われたり、怒鳴られたりした。Hさん以外の所員とはこれ見よがしに仲よさげに話し、それを見せつけるような対応をされ続けた。

他の経営者弁護士に助けを求めたものの、「事務所を分裂させたくない」などと言われ取り合ってもらえず、毎日自分以外の同僚が連れ立ってお昼に出かける姿を目の当たりするなかで、事務所内で孤立してしまった。

人権擁護を声高に訴えている弁護士の職場で、こんなことが起こって良いのか？ と思いながら、半ば意地になって働き続けたが、3カ月ほどで精神的に不調をきたし、病院では適応障害と診断された。その後もしばらく働き続けたが、職場内の状況が改善することはなかった。さらに家にいても、隣で子どもが泣いていても起き上がれない日があったため、子どもと自分の体調を優先させるべく、約1年後に退職した。

どうしてこんなことが起こってしまったのかをずっと考えてきた。マタハラはいけない、重大な人権侵害だという認識を社会全体で共有すること。各職場にそのような認識・雰囲気を作り出していくことが、今後新たな被害者を減らしていくための方策だと思う。

【ケース6】Iさん（病院／看護師）

看護主任を筆頭にパワハラ体質の職場だった。そこにきてIさんの妊娠がわかり、マタハラへと移行した。Iさんがつわりで吐いてうがいをしていたら、看護主任に「(吐いている姿が) 気持ち悪いから、仕事辞めたらどうなんだ?」と言われたり、「重いものを持ったり、みんなと同じことができないなら、辞めてくれない? いてもらわなくていいわ!」と言われた。体調が優れず、勤務内容を減らしてもらえるようお願いすると、「周りにしわ寄せがきて、みんなが迷惑してる!」と返答された。無視、悪口、差別、仲間外れ、ハサミを投げられる、ため息など、同僚たちからもいじめのような対応が続いた。

労働局雇用均等室に相談もした。そこで受け取ったパンフレットを看護師長に見せて、相談したら、「看護主任は妊娠したから辞めろと言ったわけじゃなく、頭に血が上ったんでしょう。労働局に訴えて、医院側に監査が入ったら、職員全員でこちらの主張を言って、あなたに不利益な証言をして、あなたを困らせてあげます。そんなことになったら、母体にも良くないから、よく考えなさい」と言われた。師長は「パワハラでもないし、いじめでもない」と言う。「つわりが辛いなら辞めなさい」と言う言葉を、Iさんは受け止めることができない。

しかし、職場では同僚全員が敵になっていった。看護主任がIさんを避けるように、嫌うように職員全員に口添えしていた。精神的に疲れ果て、恐怖で休職した。「しわ寄せがきて、みんなが迷惑している」とまで言われたので、退職せざるを得ない状態に追い込まれた。

このことを看護師長に話したら、「また何を言っているの！ ムカつく！」と言われ何も対応してもらえなかった。1カ月の休職後、退職した。離職票の退職理由は、私に非があるということで、「もちろん一身上の都合でしょう」と師長に言われた。

職場から脅迫まがいのことを受け仕事を失い、今後収入もないので、堕胎か自殺か、毎日それしか考えられなくなった。ハローワークの担当者に事情を話したところ、「異議申し立て制度もあります」とアドバイスを受けた。しかし、あまりに情けなく、もう

――どうでもよくなってしまったとIさんは話す。

†マタハラ類型③――パワハラ型

組織型は、〝パワハラ型〟と〝追い出し型〟に分けられる。

この二つの根っこには長時間労働がある。日本には長時間働けて一人前、長時間働けなくなった育児を抱える女性は半人前という労働文化がある。長時間働けない社員に、長時間労働を強制する方向にベクトルが向くことをパワハラ型としている。「時短勤務なんて許さない」「夕方帰る正社員はいらない」「(妊婦でも)甘えは許さない」「特別扱いはしない」など。

この「特別扱いはしない」というワードは、被害相談を受けるととてもよく聞く。私も人事部長から言われた言葉だ。産休・育休・時短勤務といった制度を社員に利用させることとは、会社やマネジメント層からすれば〝特別なこと〟となる。このような意識がはびこっていれば、正しい制度を利用したいと希望することが、〝権利ばかり主張している〟にすり替わってしまう。日本には制度はあるのに、それを利用することを善しとしない職場の風土が大きく横たわっている。

【ケース7】Jさん（メディア／記者／正社員／約10年勤務）

Jさんは、従業員1万人以上の大手メディアに勤務していた。生まれ変わってもう一度職業を選ぶとしたら、やっぱり元の仕事かなと思うくらい、その仕事が大好きだった。だから会社をなかなか辞められなくて、出産後、時短勤務制度を申請して、9時30分～17時で働くことにした。

しかし定時の17時には上がれなくて、何度も上司に定時で上がれるようにとお願いしたのに、結局深夜までの残業が続いたりした。もうダメだと辞表を出したのだが、まだ心残りがあって、最後に労働組合を通して、部長と面接させてもらうことにした。どうせ辞めてしまうのだからと、聞きたかったことを全部聞いてみたいと思った。

まず「子どもを保育園に入れて、そこで友達になったお母さんたちの多くが残業なく帰れているのに、うちの会社だけ、こうした基本的な約束が叶わないのはどうしてですか？」と尋ねた。部長は「あなたの仕事は1人で一つの案件を抱えるし、残業という概念もない特別な世界だ。この習慣を変えるのは難しい」と答えた。

Jさんは「だから他部署への異動を希望していました。なのに、直前に異動が取り消しになりました。その代わり次の異動まで勤務時間を守ると約束してくれました。ところが、なし崩しになってしまった。それはどうしてですか?」とさらに質問した。「緊急事態だ。人が足りない。病気になった者もいる。子持ちより病気を優先したい」と部長は言った。「緊急事態なら、派遣の人を雇ってサポート体制を厚くするくらいはしてほしかった」と私が言うと、部長は「予算がない。前例もない」との返答だった。いくら疑問を呈しても、埒があかないと感じた。

辞表を出した後に労働組合を入れてこんな質問をして、部長もさぞ困ったのだろう。「今さら蒸し返してどういうつもりか?」と聞いてきた。Jさんは「どこか社外の機関にこの問題を出そうとかいうことではない。定時で帰るのが極端だとするならば、どのあたりがいわば手打ちだったのか、それが知りたい」と素直に聞いた。すると部長は「他の人と同じように、仕事をし続けてほしい。私の妻は専業主婦だが、そうした家庭に比べてみれば、共働きの収入は2倍だ。そのぶんでベビーシッターを雇うくらいのことをしてもらわないと困る」と本音を教えてくれた。

壁が高すぎるとJさんは思ったという。とても越えられなかったと。たくさんの人が、「くじけずに頑張れ」とJさんを応援してくれたので、仕事を辞めることになったのは、とても残念だった。

何度も何度も相談した保育園の園長先生に退職を報告した。「そっか。ご苦労さま。残念だけどね、あなたの会社、男社会だからね。もうね、無理よ」と明るく言われた。


【ケース8】Kさん（公務員／約4年勤務）

2人目を出産し育休中。復職にあたり、短時間勤務をしたいと申し出たが、上司に「だめだ」と言われた。1人目の育休が就職してすぐとなったため、ほぼ新人と同じ扱い。1人目の育休から復職して職場になじめず体調を崩し、しばらく休職し、その間に2人目を妊娠出産した。そのため、新人同様で仕事もできないのに、短時間で働くという勤務形態が職場は気に入らないよう。実際、短時間勤務では、業務内容の都合上、仕事にならないと考えられていた。

また、「他の部署への異動は不可能だ」と言われる。「この職場で仕事をすること自体を、考え直した方がいいのではないか」とも言われた。就職してすぐに妊娠・出産した自分が悪いと、Kさんは自分を責め始めた。公務員なら出産・育児をしながらでも働きやすいと思ったのに、現実は違った。

だが、簡単に仕事を辞めるわけにはいかず、かといって復職の目途が立たない状況が続くと、職場から連絡があり人事を入れて話し合いの場を持つこととなった。人事課長同席のもと、直属の課長と係長がいた。短時間勤務制度を使っての復職という、Kさんの希望が叶う方向で話が進められた。人事課長は、異動希望も出せるし、制度があるので使うことは可能だと言ってくれた。

ところが、直属の課長、係長はそれには不満らしく、育児休業を延長することや転職をするよう勧めてきた。係長からは「Kさんのように短時間勤務をとりたいという人は、うちの職場にはいない。みんな近所に引っ越したりして仕事をしている。短時間勤務をとれる職場ではない」とはっきり言われた。それは職場にKさんの居場所はない、と言われているも同然だった。人事課長からはいくつか案を出してもらったが、現場の上司がここまで言う以上、実際に制度を利用できるとはとても思えなかった。

Kさんは、直属の上司とのやりとりに疲れ、この職場で働きたいという気持ちがなくなってしまったという。仕方なく退職の旨を電話で伝えたところ、直属の課長からは、「それは転職先が決まったということ?」という頓珍漢な反応が返ってきて驚かされた。そうではなく、短時間勤務を受け入れてくれなかったからという理由を伝えても、「じゃあ事務の人から連絡があるから」と自分の発言の責任は一切受け付けない対応をされ、電話を切られた。

東京都の職員ということから、東京都労働情報相談センターに相談し、東京都福祉保健局総務部の人事にも相談したが、職場と相談するように言われただけで、何もしてくれなかった。仕事に対するやる気を、完全になくしてしまったと言う。


【ケース9】Lさん（メディア／記者／正社員）

Lさんは報道機関に勤めている。ニュースを出すのが仕事のはずなのに、今話題になっているマタハラがひどい。

育休から復帰し、子どもの病気やそれがLさんにうつって、ある時期体調不良が重なり、休むことが多くなってしまった。すると上司に「急な休みが多くて困る！　なぜそんなに休むのか？」「週3日の勤務にすれば？」「無断欠勤ばかり！　ろくな仕事してない！」と怒鳴られ続けた。

もちろん無断欠勤したことは一度もなく、病児保育、会社、保育園など遅刻や休むたびに5件以上連絡している。最近は子どもが40度近い熱を出しても、病児保育に預けて出勤したのだが、「仕事が中途半端。○○さんは子どもがいても休まずやってるのに！もっときつい仕事しろよ！」と言われた。

40度近い熱の子を置いて仕事にきているのに。○○さんは自分のお母さんが駆けつけてくれるから出勤できるわけで、そういうサポートがないから苦労しているのに。とLさんは思わずにはいられなかった。

人事に相談しても知らんぷり。9時半からの仕事を希望したら上司に「絶対だめ」と言われた。自主的に早く出社して仕事をしているが、それは就業時間につけることができず、ただ働きとなり、夜に残れば残業代がつく。

上司の言動は明らかにマタハラだが、怒らせて左遷されても怖いので我慢している。ふらふらになって育児・家事・仕事をしているのに、「ろくな仕事してない」と言われ続けるのは苦しい。こういう状況に苦しんでいる女性もいる、と知ってもらいたいとLさんは言う。

†マタハラ類型④――追い出し型

反対に、長時間働けなくなった社員を労働環境から排除する方向にベクトルが向くことを〝追い出し型〟としている。

「残業できないと他の人に迷惑でしょ」「子どもができたら辞めてもらうよ」「妊婦を雇う余裕はうちの会社にはない」。ひどい会社だと「産休・育休などという制度はうちの会社にはない」などと言ったりもする。

未だに誰ひとりとして産休・育休を取得したことがなく、妊娠したらみな必ず辞めさせられるという被害相談を受けたこともある。驚く人もいるだろうが、日本にはこのような会社が未だに多く存在する。

これは大きな過ちで、会社内の制度より国の法律が優先される。いかに法律・制度の認知が低いか、いかに法令遵守の意識が低いかということになるのだが、法律や常識より〝慣例〟が優先されている。マタハラ被害の多くがこの追い出し型であり、これが今の日本の現状だ。

【ケース10】Mさん（営業職／正社員／約4年勤務）

Mさんは産休・育休中に在籍していた会社を解雇され、現在その親会社で正社員からパートに雇用形態を変更され働いている。そのせいで子どもは保育園に入ることができず、待機児童となってしまった。

在籍していた会社は、社員がMさん1人という数年前にできたばかりの小さな会社だったが、親会社は歴史のあるわりと大きな地元企業だった。入社時に「産休・育休OK」との回答をもらい安心していた。ところが、産休前に在籍していた会社が、他の会社の業務委託を受けることが急に決まった。そこからMさんの人生が大きく変わった。Mさんはその業務委託を受けた会社の部長からマタハラをされた。

部長の話は当初「（Mさんは）業務委託会社の正社員となる」というものだったが、その後「正社員でいたければフルタイムの勤務。自家用車を持ち込み県内を1人で営業しろ。それが無理なら、パート社員で働いてもらう」と話を変えられた。この時点でMさんは納得がいかず、1人でずいぶん悩んだ。そして、直談判もした。「フルタイム営業は難しいので時短、もしくは給料が減額になってもいいから正社員でいたい。パートタイムというのは納得できない」と伝えた。

このMさんの発言が気に入らなかったのか、部長は「年収103万以内のパートタイム社員としてでなければ雇用できない。会社の業績悪化が原因。きみにも責任がある。それが嫌なら、旦那にもっと給料がよいところに転職してもらうか、きみが就職活動をしろ」と言われた。しかも、部長はMさんについて他の社員に「ワガママを言う社員だ」などと、あることないことを言いふらした。

このままでは無職になってしまうと感じたMさんは、以前世話になった親会社の部長に相談をした。彼は「どうにかします」と言ってはくれたが、なかなか答えがもらえず、Mさんはそのまま産休・育休に入った。産休・育休中、気分がスッキリとした日は一度もなかったとMさんは言う。

そして、ようやくもらえた回答が、〝親会社でパート社員として働く〟というものだった。1年待って得られた答えがパートで、正直落ち込んだ。全然納得できなかったが、無職は考えられなかったし、小さな子どもがいて、なおかつアラフォーの女性を雇う企業が他にあるとは思えず、パートの仕事を受け入れ、現在に至る。

正社員を退職することとなったので、雇用保険被保険者資格喪失届を出す羽目になった。「会社都合による離職」と記載して業務委託の会社に提出したが、離職理由が「自己都合」に勝手に変更されていた。最後の最後まで後味の悪いものとなり、未だにすごく嫌な思いを引きずったままだとMさんは言う。

【ケース11】Nさん（専門学校／講師／正社員／約10年勤務）

前社長が亡くなってから、職場の女性社員たちは全員、育休復帰後に当然のようにパートにさせられてしまう職場になった。Nさんは、職場にいる1人の嫌な女性上司からパワハラを受け、結婚と同時に夜間勤務に回された。妊娠の報告後はマタハラが始まり、勝手にそして大々的に、妊娠を周囲に発表されたり言いふらされた。顔を見るたびに「いつから産休に入るのか？」と聞かれたりした。

妊娠と同時に子宮筋腫があることがわかったので、配慮してもらえるようお願いしても、立ち仕事をさせられ続けた。Nさんも他の女性社員同様に産休・育休取得後、パートになれと強要された。

社内の社労士に相談するも「正社員からパートにするのは違法ではない」などと言われる。

学校側は「訴えたければ訴えればいい。不法行為でも罰則がないからかまわない」などとあくまで強固な対応だった。

育休から復帰する際、話し合いを進めるなかで、Nさんの選択肢はパートしかなく、退社しては保育園に入れないので、Nさんはやむを得ずパートを承諾し、復帰日をいつにするか話しあった。復帰予定日の1週間前に電話が入り、夜間勤務ができないこと、2人目を希望していることを理由に一方的に解雇された。

保育園の入園締め切りが近づくなか、どこに相談すればいいのか、だれが信用できるのか、どのように職場との話し合いを進めれば解雇にならなかったのかを悩み、労働相談に行き、職場と斡旋を行なうも学校は無視。その後、弁護士にお願いすることになった。

保育園に在園できる条件を壊されてしまわないよう何がベストか悩み、ストレスから胃の痛みや肌荒れがひどくなり、何も前に進めない自分に自己嫌悪の日々だったと言う。保育園に入れなければ仕事ができない。仕事ができなければ保育園に入れない。10年間勤めてまさかこんな仕打ちを受けるとは、とNさんは語ってくれた。

学校側の対応に納得がいかず、Nさんは意を決して労働審判に向け準備をした。ところが、Nさんの同僚の女性も同じ理由で労働審判を起こしていたため、2人の女性から同時に訴えを起こされたくなかったのか、学校側からNさんに和解の申込みがあった。何を今さらとNさんは腹立たしい気持ちになった。しかし、労働審判を起こせば、半年近くの時間を費やすこととなる。散々悩んだ末、Nさんは和解をすることにした。

第二子を希望するNさんは、就職してすぐに妊娠するわけにもいかないので、就職できたとしても子どもはすぐには作れない。また子どもができたことによって、また周りから嫌なことをされるのでは？　と悩みの中にいる。たとえ和解したとしても、弱い立場として、会社から嫌がらせを受けた傷は消えることはないとNさんは言う。

【ケース12】Oさん（病院／老人ホーム／看護師／正社員）

Oさんは立て続けに二つの職場でマタハラを受けた。

一つめは大学病院で。夜勤を免除してもらえず、休憩なしの夜勤を続けた後に流産した。病院は「10週に満たない初期流産は遺伝子の問題だから」と言い、Oさんは流産した翌日もまた夜勤をさせられた。Oさんにとっては不妊治療してやっと授かった命だった。

この辛い経験から、不妊治療のため夜勤を免除してほしいと病院側にお願いしたが、免除してもらえることはなかった。だれかが妊娠したら夜勤ができなくなるので、妊娠の報告にため息をつかれるような職場環境だった。切迫流産の診断書を出し夜勤免除をお願いした女性は、「自分から医師に依頼したんだろう」と嫌味を言われていた。また

「つわりは気の持ちよう」とも言われる。このままでは高い不妊治療費を払っても安心して妊娠できないと思い、結局退職することにした。

そして、次に就職した老人ホームで再度マタハラを受けた。Oさんは体外受精をして、5年かけてやっと妊娠した。妊娠の報告をしたところ「すでに1人子持ちの人がいるので、2人子持ちの社員を受け入れるのはきつい」と老人ホームの看護部長から言われた。Oさんがこの職場を選んだのは、すでに育休を取得している女性社員がいたので、ここであれば大丈夫と踏んでのことだった。にもかかわらず、「ここに戻れるかわからない」と看護部長は平然という。「お金の問題もある」とOさんが伝えると、「暖房がなくても生活している家庭はある」と看護部長は言ってのけた。

そのあと、仕事でしてないミスをOさんの責任にされ、退職するよう追い込まれた。このままでは、切迫流産になっても誰も責任をとってくれないと思い、結局自主退職した。

労働基準監督署やハローワークを通して訴えたが、老人ホーム側は一切の事実を認めなかった。

少子化対策と言っているわりに、女性の働く環境は依然として厳しい。出産後も退職しているため、保育園に入れず再就職ができないとOさんは言う。そして一番の問題は、言っている本人がマタハラと自覚していないこと。まわりもマタハラだと指摘しないこと。言われている本人もマタハラと感じないことだとOさんは指摘する。

†マタハラを受けやすい女性のパターン

数多くの被害実例に触れていると、マタハラを受けやすい女性の状況パターンが見えてきた。

まず一つめが、フロンティアになる女性。その職場で初めて産休・育休を取得することになる女性はマタハラを受けやすい。マタハラNetの立ち上げに尽力してくれた女性も、職場の産休・育休取得の第1号者、フロンティアとなる女性だった。

産休・育休制度の手続きを知らない会社に、彼女が必要書類を調べ、自ら用意するような形だったという。周りに迷惑がかからないよう引き継ぎもしっかりこなし、会社からはむしろ早く復帰してほしいと希望され、育休は半年ほどで切り上げて復帰する予定だった。

ところが、翌月の復職を前にして突然「社長の気が変わった」「戻る場所がなくなった」「早く帰られたり子どもの病気で穴があいたりするのは困る」と退職強要を受けた。

彼女がそれを拒否すると、今度は解雇された。あまりの仕打ちに絶句したと彼女は言う。

　彼女は労働局の均等室に相談するが、マタハラに対する労働局の対応に非常に不満を感じ、会社とのやりとりよりも、労働局とのやりとりが一番ストレスだったと語る。こんな辛い思いをさせられるなら、二度と子どもは産みたくないと思ってしまったと言う。少子化対策を推進しているはずの当局が、それを阻害するマタハラに対して無策なことに腹が立ったそうだ（2015年1月に労働局に通達で出ていて、この労働局の対応はそれ以前のものである）。

　彼女はその後、0歳児を抱えながら転職活動をすることになった。その際、本来なら取得できたはずの時短勤務を求めることはしなかった。なぜなら、時短勤務を希望すれば、採用されないか、採用されても納得のいくポジションは得られないと思ったからだ。

　二つめに、勤続年数が短い女性も「会社にまだ何も貢献していないのにもう休むのか」となってしまいマタハラを受けやすい。

　新卒で入った会社で、入社早々に妊娠した経験を持つ女性からメールをもらったことがある。女性上司2人に打ち明けたところ、「入社早々に何を言っているんだ！」と怒られ、「会社説明会や入社試験で多方面から人選をしてベストと思って入れたのに、来年の入社試験には貞操観念も加えなきゃならないわ」とか「就活の広告費に1000万払って、結果コレか！」「堕ろさないなら退職してもらう！」「10数えている間に、麻酔が効いて（中絶手術は）終わるから！」と言われたという。

「2週間で結論を出せ」と上司に言われ、悩んだ末に「就職の広告費に1000万」という言葉が重くのしかかり、堕ろすことにしたという。中絶強要というのは、マタハラの中でもかなり酷い事例だが、実際にこのような話が起きている。中絶強要はブラックマタハラとは別に、刑罰に値すると明示して広めてもらいたい。

三つめに、重いつわりや切迫流産・切迫早産・その他合併症などになってしまう女性だ。産休に辿り着く前に会社を休みがちになってしまうと、「産休・育休の長期休暇の前から休んで、もうすでにダメではないか」「もう辞めた方がいい」とマタハラされてしまう。妊娠の症状が順調ではない女性もマタハラを受けやすいし、女性側も母体を守るため泣き寝入りしやすい。

本来であれば、肉体的にも精神的にも辛い局面にあるので、できれば守ってもらいたい状況なのだが、サバンナで怪我をした子どものヌーからライオンに襲われていくかのようにマタハラされる。合併症で会社をお休みすると上司が自宅にやってきて退職勧告された女性や、早産で入院中に解雇通知が病院まで送られてきた女性、流産の手術で入院中に降格させられてしまった女性もいる。

連合の調査では、妊娠中の働く女性の4人に1人が早産や流産を経験している。危険な状態になっても、職場で十分な勤務配慮が受けられなかった人も少なくない。女性側も体調不良を口にすると、退職を勧められてしまうので、無理をしてしまうケースが多い。

また、不妊治療もマタハラの対象になるケースが多くみられる。NPO法人Fineさんの調査では、働きながら不妊治療を受けた人の9割が、仕事と治療の両立を難しいと感じ、このうち半数近くが、退職や休職など働き方を変えざるをえなかったという。これを〝プレマタニティハラスメント〟と呼んでいる。

このような配慮がないとも思える対応が、平然と行なわれてしまう理由に、日本人の妊娠に対する知識が国際的に低いということが挙げられる。イギリスのカーディフ大学などの妊娠や不妊に関する国際調査によると、日本の知識ランクは18カ国中17位だとわかった。

妊娠の症状が人それぞれだということを、理解していない人たちが多くいる。だから、「妊娠は病気ではない」「つわりは気合が足りないからだ」「やる気がないから具合が悪くなるんだ」などと平気で言ってしまう。「妊娠は病気ではない」という言い回しは、「妊娠は病気ではないが、明らかに正常な状態とは違い特効薬など何もないので、普段以上に気をつけましょうね」というのが本来の意味にもかかわらず、「妊娠は病気ではないのだから働け！」と誤った使い方がなされている。

また、妊娠のタイミングはコントロールできるものと誤解されていたり、妊娠できる年齢にはリミットがあることさえ知らない人も存在する。「職場の女性社員同士で産む順番を決めろ」「入社して5年は妊娠をするな」などという発言も、知識のなさからきていると思われる。

さらに、性別役割分業により妊娠・出産・子育てすべてが、家の中に閉じ込められてきた時代が続いたことも、周囲に理解が進まなかった理由の一つだと思う。自分の部下が妊娠して初めて妊娠というものを目の当たりにし、どうしていいかわからないということが起きてしまっている。どう対応すればいいかわからないから、安易に「辞めろ」と言ってしまう。

四つめに、1回ならまだしも、2回も3回も産休・育休を取得して休むのか、となってしまい2人以上お子さんがいる女性もマタハラされてしまう。

こんなメールをもらったこともある。子どもたちが通っている学校や保育園はクラスの半分以上が1人っ子。（この状況は）すごいなって思っていたが、案の定、ママたちは「2人目を妊娠すると会社を続けられない」と言う。しかも実際に2人目を妊娠して会社を辞めさせられたママもいるし、公務員のママは人事異動をさせられ厳しい状況になったそうだ。

私は〝産ませない職場の空気〟〝子育てしながら働き続けることができない職場の空気〟ここまで含めてマタハラだと発信している。このような空気が漂っていては、少子化に向かって当然だと思う。

「3人も子どもがいるのだから、もういいじゃないの」と怒られ、職場のスタッフひとりひとりに「妊娠してすみません」と謝罪させられた女性もいる。これはあまりに酷いのではと、上司に相談に行ったところ、「謝罪して当然だ」と言われ、「このたび妊娠したことは誠に申し訳ありませんでした。以後、妊娠しないようさせていただきます」と、反省文まで書かされたというメールをもらったこともある。

そして最後に、非正規雇用で働く女性のマタハラだ。育児休業を利用したあとに職場に復帰した割合は正社員で43・1％、パート・派遣などの非正規社員はわずか4％だという悲惨な数値からも窺える。

契約社員・派遣社員・アルバイトなどの有期雇用社員であっても産休は必ず取得できるし、一定の要件を満たせば育休も取得できる。

しかし、この〝一定の要件〟というところが問題で、この要件があることによって非正規の女性は制度の適用範囲外と思い込まれている。「契約社員には時短勤務の制度がない」「契約社員に産休・育休を会社が許すとは限らない」とたとえ条件を満たしていても、非正規は適用外という誤った対応をされてしまう。

そして、このような思い込みは会社・マネジメント層だけでなく、非正規で働く女性自身も自分たちが産休・育休の制度を利用できることを知らなかったりする。非正規社員の8割以上が産休・育休を取得できると知らないという厚労省のデータがある。非正規なので制度は使えないと思い込み、自分がマタハラを受けていることにさえ気がついていない〝隠れマタハラ被害者〟が潜んでいると私は見ている。これが、「現在露見しているマタハラ被害は氷山の一角」と言われるところだ。

また厚労省の企業調査では、半数以上の非正規社員が正社員と同内容の業務に就いている、というデータがある。同内容の業務に就いているにもかかわらず、正社員より安い賃金で買い叩かれ、正しい制度さえ利用させてもらえていない。

近年、男性を含め非正規は増加傾向にあり、全労働者の4割が非正規雇用となっている。働く女性の6割が非正規というなか、パートや派遣社員の育休からの復帰率がわずか4％という数字を少しでも引き上げたいと思う。マタハラＮｅｔでは、今年秋の育児介護休業法の改正に向けて、「非正規の育休取得のための3要件の緩和」を要望している。

マタハラを受けやすい五つのパターンを挙げたが、いつのタイミングで女性が妊娠するか、これは女性の人権だと思う。このパターンと妊娠が重なった場合は、女性側はより会社とコミュニケーションを取るよう努めてもらいたいし、会社側もマタハラが起こらないよう、より気をつけてもらえたらと思う。

第３章

こんなにある！　マタハラの実態

——実態調査から見えること

†マタハラ白書――実態調査から何がわかるか

「マタハラ白書」は、日本で初めてのマタハラ被害実態調査だ。2015年1月16日〜26日までの10日間で、過去にマタハラ被害にあった当事者女性を対象にマタハラNetのWEBサイトよりインターネット調査を行なった。

ダイバーシティ・コンサルタントの渥美由喜《なおき》氏、女性の労働問題に詳しい圷由美子弁護士とともに作成した。200件近い回答から、有効回答186件をもとにデータをまとめた。年齢は22〜72歳までの女性。雇用形態別にみた回答者の割合は、約70％が正社員、残り30％が非正規社員という回答の割合だった。その中から、注目すべきデータをご紹介したい。

†マタハラの加害者はだれか

まずは、マタハラの加害者について。一番多いのは直属の男性上司が53・2％（複数回答）。

しかし、同僚においては、男性9・1％、女性18・3％と女性からのマタハラが2倍以

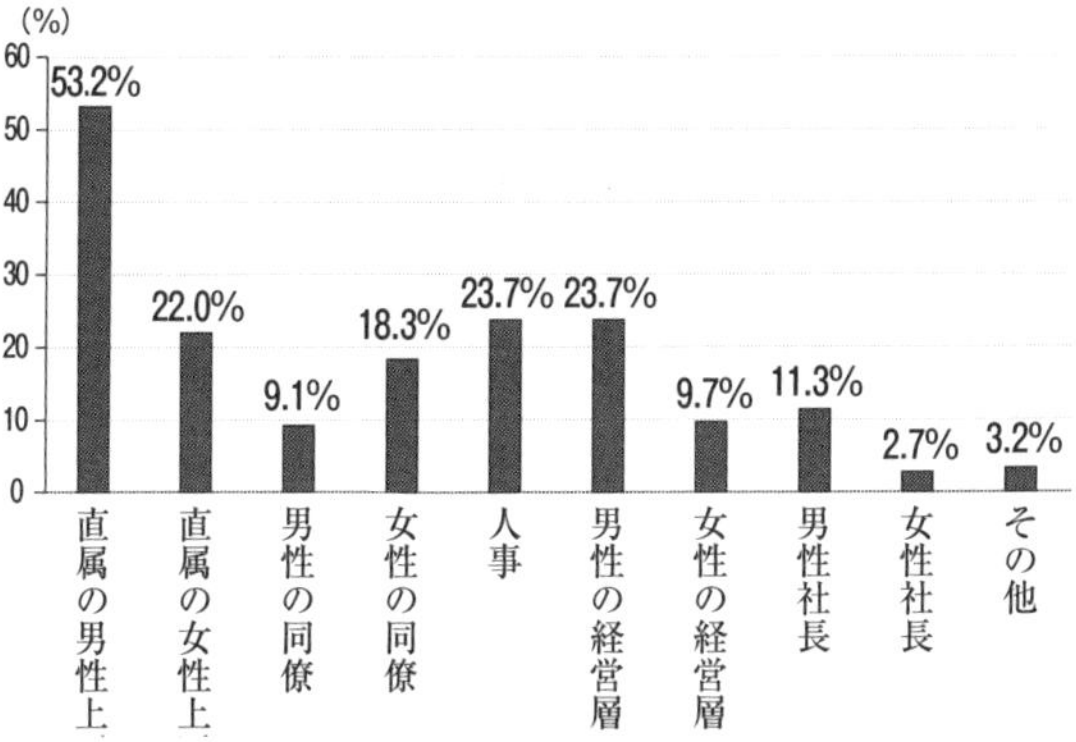

図表5　マタハラの加害者（複数回答）

上多いことがわかった。同僚からされるマタハラの例を挙げると、妊娠を機に女性の同僚から無視・挨拶をしてもらえない。大事なことを自分の不在時に伝達し自分には伝えてもらえないというマタハラをされたという声が聞けた。

性別にみると、男性（上司＋同僚＋経営層＋社長）97・3％に対して、女性（上司＋同僚＋経営層＋社長）も52・7％と高い割合を占める。

よく知られるパワハラは上司からされることが多く、よく知られるセクハラは異性からされることが多い。しかしマタハラの場合は、上司・同僚問わず、また異性・同性問わず、四方八方が加害者となることがこのデータから言える。今まで露見して来ず、泣き寝入りが多かった理由がここにあるように思う。

また、二番目に多い加害者は人事と男性の経営層からのマタハラが23・7%とあり、この数字からマタハラ4類型に〝組織型〟があるわけがわかると思う。本来マタハラを防ぐ役割の経営層や人事部門自体が法令遵守の意識が低いと言える。

なぜ、このように四方八方が加害者になるのかというと、マタハラが〝働き方の違いに対するハラスメント〟だからである。長時間労働がスタンダード。産休育休などの長期休暇や、夕方4~5時に保育園のお迎えで帰るような働き方は、〝異なる働き方〟と捉えられ、排除の対象になってしまう。だから、同じ同性である女性からもマタハラが行なわれる。

なかには、同じ出産・子育て経験がある女性からマタハラされるケースもある。これがマタハラ問題の難しいところだ。産休・育休の制度が今より充実していなかったころの女性たちからすると、今の女性たちは甘えているとなってしまうのかもしれない。「私は自分の子どもが熱を出したときには、下剤を大量に投与させながら休まず働いた」などとまるで武勇伝のように語り、「私ができたのにどうしてあなたはできないの?」と、後輩女性にも自分の育児の仕方や働き方を強要したりする。

出産・育児経験のある先輩女性がスーパーウーマンだと、後が続いていかない。子育て

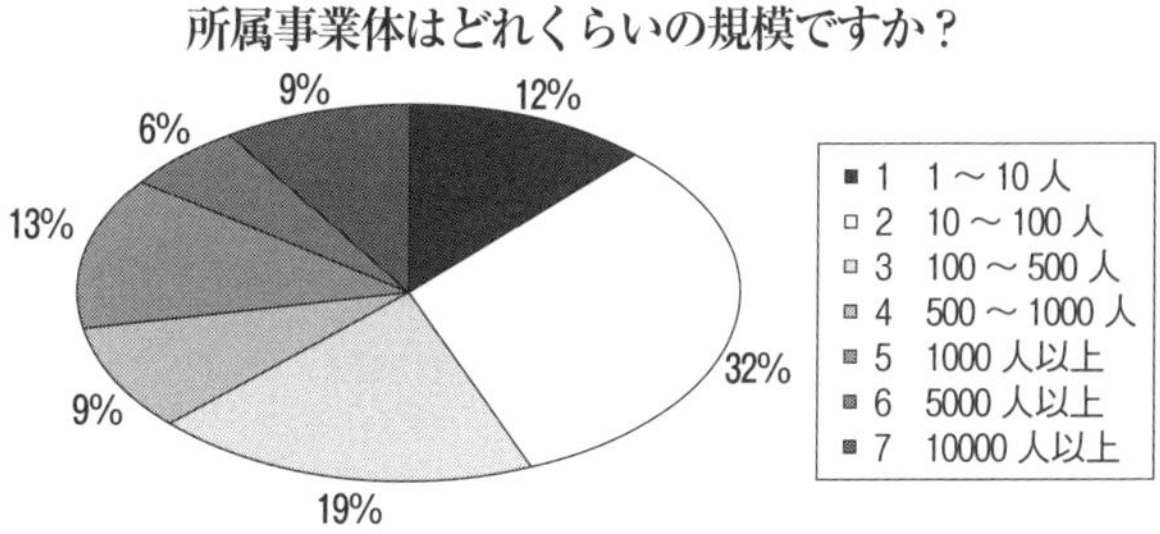

図表6　マタハラ被害者の所属事業体の規模

のリソースは各家庭によりさまざま、子育ての仕方も各家庭によりさまざまなのだという理解も進んでくれたら思う。

自分の親御さんや義理の親御さんが近くにいれば、子育てのサポートをお願いすることが可能かもしれない。しかし、今は核家族化が進み、なかにはそのようなリソースがまったくなく、自分だけが子育てしなければならない家庭も存在する。特にシングルマザーへのマタハラは死活問題だ。最低限の配慮だけでもしていただけたらとお願いしたい。

†マタハラは社員規模にかかわらない

次に、社員規模別にみると、「10～100人」約32%、「100～500人」約19%、「1000人以上」約13%と大差がなく、社員規模に関係なくマタハラが行なわれていることがわかった。

この中に東証一部上場企業は35件、全体の約19％含まれていた。中小企業は日本の企業総数の99％以上を占め、東証一部上場企業は、0・007％と言われる中で、約19％も上場企業が含まれていることがいかに大きな割合かわかっていただけたらと思う。この結果から何が言えるかというと、マタハラが横行する企業になるかどうかは、TOPの考え方次第ということだ。

大学4年生の女性から相談をもらったことがある。誰もが知る大手グループ会社。人気就職企業ランキングにもランクインするような超有名企業の内定式の挨拶で、役員が「女性のみなさん、こんなこと言ったらセクハラかもしれないけど、妊娠しないでくださいね」と言ったという。

女性が多い職場で、待遇にも産休など書いてあるが、この役員の一言で、「もし自分が妊娠したら何か言われるのではないか」と思い、彼女は内定を辞退して就職活動を再開することを選んだ。セクハラではなくマタハラなのだが、この役員はいけない言葉とある程度わかっていて、前置きしつつも口にしてしまうところが浅はかだなと思う。

このように、その会社のTOPが〝妊娠は迷惑〟と捉えてしまえば、その下のマネジメント層もマタハラ上司となり、会社全体がマタハラ会社となる。反対に小さな規模の会社でも、〝妊娠しても働き続けてもらいたい〟とＴＯＰが思えば、マタハラ会社とはならない。

職種別にみると「一般事務」約13％、「医療・福祉介護サービス系」約12％、「教師・講師系（保育園・幼稚園含む）」約11％、「広告系、編集・制作系、ＷＥＢ・インターネット系」も合わせて約12％と比較的多く、実際に、マタハラＮｅｔへ寄せられる相談も、このような職種が目立っている。「一般事務」は、女性が多く就く職種なので、それに伴いマタハラの比率も上がっているのだと思う。

「医療・福祉介護サービス系」は、特に病院勤務の女性からマタハラＮｅｔへ寄せられる相談件数が多い。慢性的な人員不足で、１人欠けることが死活問題となることから、人が抜けることを善しとしない風土があるのだと思う。しかし、本来なら人員不足の職場こそ、働き続けるれるようにマネジメントするべきなはずだ。「教師・講師系（保育園・幼稚園含む）」は古い体質の経営者が多く、そのことがマタハラの要因になっているように思う。

「医療・福祉介護サービス系」と「教師・講師系（保育園・幼稚園含む）」どちらにも共通することは、専門職だった人たちが経営者になっている点だ。マネジメントや経営の知識がきちんとある人が経営に携わっているわけではないということが問題なのではと思う。

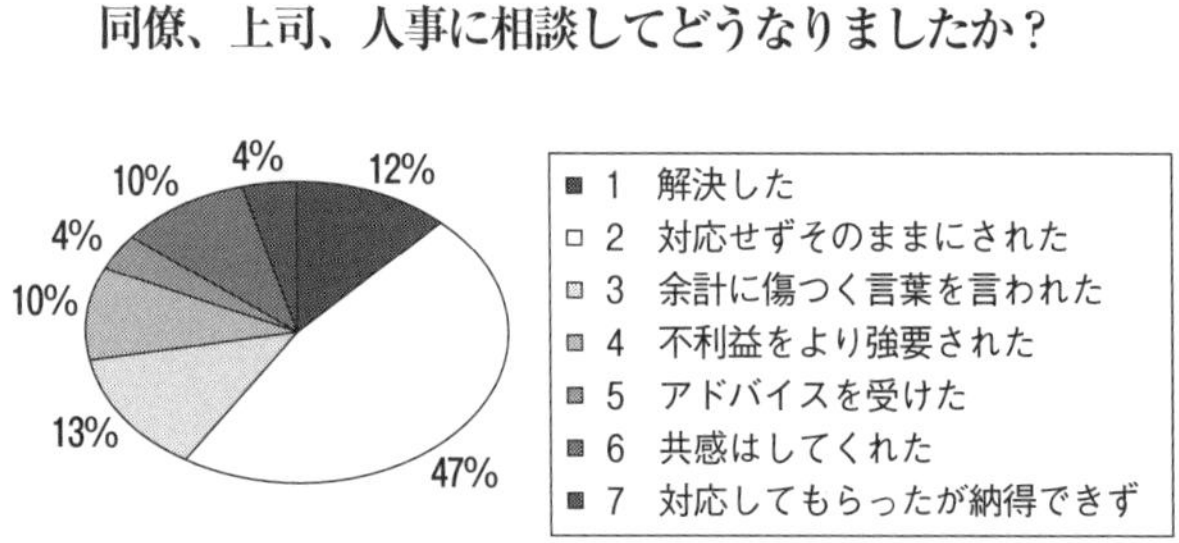

図表７　マタハラ言動を受けた後の対応

また「広告系、編集・制作系、ＷＥＢ・インターネット系」は、男性社会で筋肉質な働き方かつ長時間労働が横行しているため、マタハラにつながっていると思われる。

†マタハラは相談するほど連鎖する

マタハラ言動を受けた後の対応については、人事・上司には相談できず、相談するとかえってさらなるマタハラになることが、調査結果からわかった。

上司への相談６％、人事への相談４％とそもそも職場内で相談しづらい環境にあることもわかる。社内に相談しても「対応されずそのままにされた」が47％、「余計に傷つく言葉を言われた」が13％、「不利益を強要された」が10％と、相談しても７割が解決してもらえていない、そしてさらにマタハラされるケースが22・８％にも及ぶことがわかった。

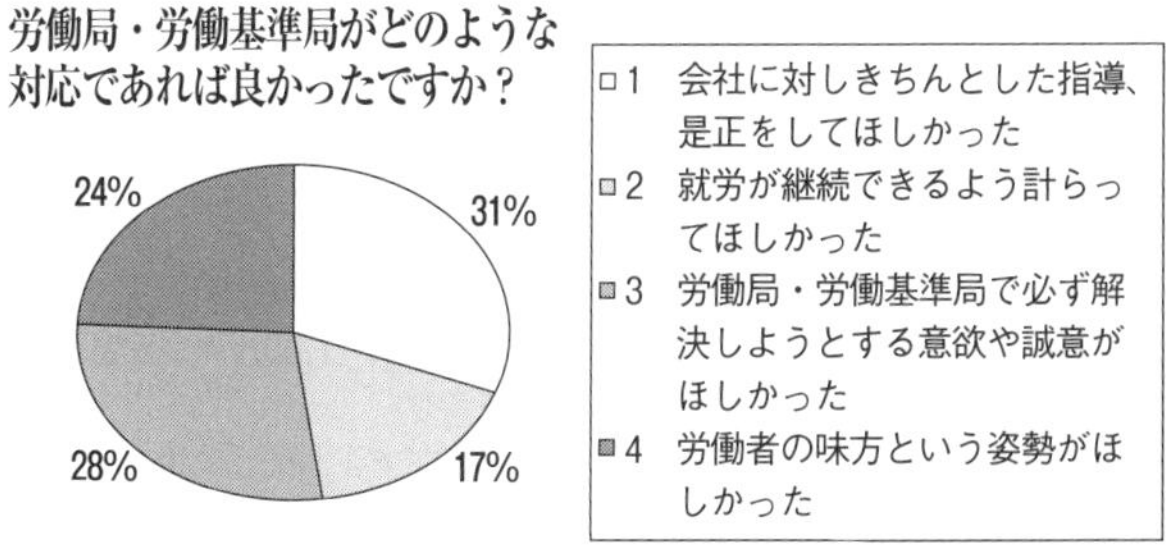
労働局・労働基準局がどのような対応であれば良かったですか？
24%
31%
28%
17%
1 会社に対しきちんとした指導、是正をしてほしかった
2 就労が継続できるよう計らってほしかった
3 労働局・労働基準局で必ず解決しようとする意欲や誠意がほしかった
4 労働者の味方という姿勢がほしかった

図表8　希望するマタハラへの対応

社内の人に相談しなかった理由第1位「相談できるような人柄の人がいなかった」ということで、職場内の相談環境を整えることが急務だと思う。また、育児に理解がある上司〝イクボス〟の存在が大事になってくる。

職場でマタハラが起こった場合、相談できる社外窓口の行政機関は労働局の男女雇用機会均等室なのだが、労働局を利用した回答者の割合は46件全体の24・7％と低い数字で、現在露見しているマタハラは氷山の一角であることがここでもわかる。

最後の駆け込み寺であるはずの労働局に駆け込んでも、その対応に満足できていない現状がわかった。

「親身になって相談に乗ってくれましたか？」に対して「不満足」「そのような対応はなかった」合計58・5％。「解決に導こうと対応してくれましたか？」に対して「不満足」「そのような対応はなかった」合計64・2％。「会社

最も欲しかった公的な支援は？

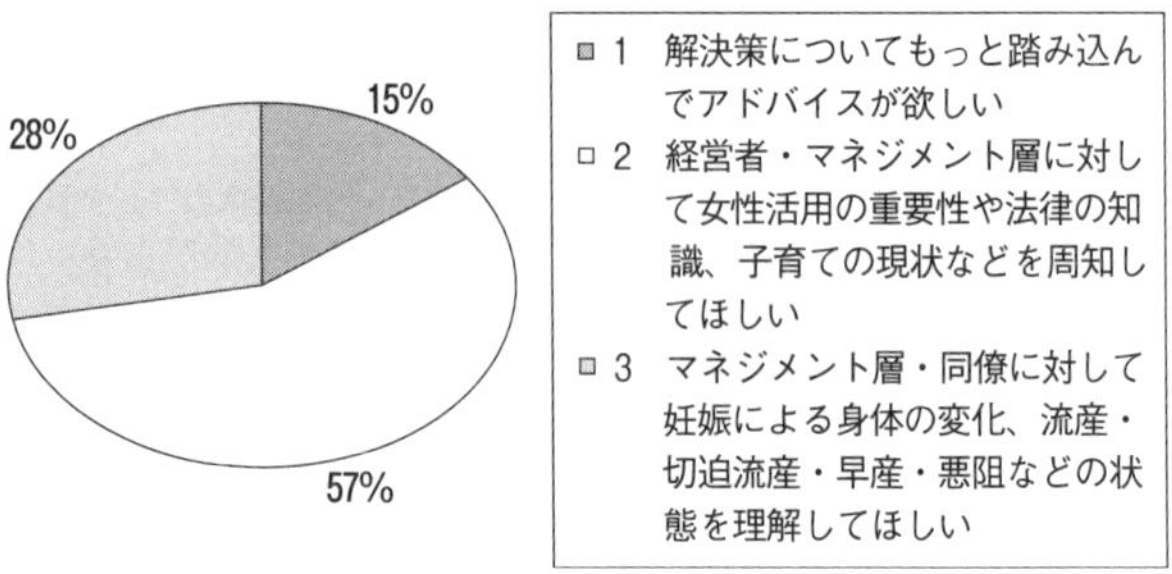
15%
28%
57%
1　解決策についてもっと踏み込んでアドバイスが欲しい
2　経営者・マネジメント層に対して女性活用の重要性や法律の知識、子育ての現状などを周知してほしい
3　マネジメント層・同僚に対して妊娠による身体の変化、流産・切迫流産・早産・悪阻などの状態を理解してほしい

図表9　マタハラの発生要因と予防策

に対しきちんとした指導、是正をしてほしかった」「労働局・労働基準局で必ず解決しようとする意欲や誠意がほしかった」がそれぞれ約31%と約28%となっており、労働局の対応改善が必要だと窺える。

これは、厚労省から労働局に改善の通達が出る前のアンケート結果なので、通達後に改善されていることを期待する。また、労働局も少ない予算、少ない人員で回していて、聞けば大変気の毒な労働環境だったりする。政府には労働局への予算アップもお願いしたい。

データ紹介の最後は、マタハラの被害女性が望むこと。「経営者・マネジメント層に対して女性活用の重要性や法律の知識、子育ての現状などを周知してほしい」約57%となっており、企業の経営陣・管理職向けマタハラ防止対策研修を行なう必要性が示唆されている。各企業がマタハラ防止対策研修を必須科目として受講してくれることを望む。そうでなければ、組織の意識改革は進まない。

「結果についてまったく納得できていない」と「結果について納得はしていないが、仕方ない部分もあると感じている」が約80％となっていて、多くの女性が不満を抱えている現状がわかる。今、女性たちが声を上げ始めている。全国の労働局に寄せられるマタハラ相談の件数は、過去最多、前年度に比べて増加と報じられている。マタハラに対する各企業の防止策の対応が急務と言える。

†先進国のマタハラ事情

第一子の妊娠を機に6割の女性が仕事を辞める日本の姿は、経済先進国の中では極めて珍しい。3人に1人がマタハラの被害者というデータも突出していて、日本は〝マタハラ大国〟と呼べるだろう。

海外にはKAROAKE（カラオケ）やKAROUSHI（過労死）のように、日本語をそのまま使用している言葉がある。自国語で理解できない外国の事象を、外国語のまま言い表すことがよくあるが、そこにMATAHARA（マタハラ）が世界共通語として新たに入るのではないかと言われている。

たしかにマタハラは日本に突出した問題ではあるが、妊娠・出産・育児と仕事の両立は海外でも根深く残る難しい女性問題である。アメリカでは〝Pregnancy Discrimination〟という妊娠差別をあらわす言葉がある。お腹が大きいまさに妊娠している状態・期間に対する差別をさす。それに対し、〝マタニティハラスメント〟は、妊娠・出産・育児の期間に行われるハラスメントとして女性の働く権利が確立されているアメリカでさえ、２０１４年秋、「妊婦差別禁止法（Pregnancy Discrimination Act）」に違反するかどうかということで、最高裁にまで至った事例がある。

民間の郵便配達会社に郵便物配達員として勤務していたペギー・ヤングさんは、２００７年５月、妊娠中最初の20週間は20パウンド（約９キログラム）以上、それ以後は10パウンド以上の荷物を持ち上げることを医者に禁止された。ヤングさんは配達員として採用されたが、彼女の仕事は20パウンドより遥かに重い荷物を持ち上げる必要があったため、職場の責任者に相談したところ、無給休暇を要求され、辞職に追い込まれた。

結果的に経済的に不安定な状況に陥り、最終的には健康保険と年金受益資格を失ったとして告訴した。また、ヤングさん側の弁護士は、彼女は負担の軽い仕事または事務的仕事をする意志があったのに、それを会社側が拒否したと指摘。会社側がケガなどを理由に、正常な労働能力を失った他の従業員に軽度の仕事を提供していることに対し、妊娠中の女性にも同様の対処をするべきであり、妊婦差別禁止法（ＰＤＡ）に違反すると主張した。その後、会社側は社内のポリシーを向上させるため、妊娠中の女性にも肉体的負担のない仕事を提供する意向を公表した。

アメリカの70％以上の会社が、母親の（有給）育児休暇を提供していない。家族および医療休暇法は、子どもの出産に伴う休暇を1年のうちたった12週間しか保証していない。そして50人以下の社員しか持たない企業は例外としてこれさえも免れている。12週間以上の育休を設けるかどうかは、各企業の裁量に任されている。優秀な女性人材を確保したい企業は、自主的に有給の育休を12週間よりも延長している。香港やシンガポールの女性も出産後、大抵2～3カ月で職場復帰をするという。

これに比べると、日本の制度がいかに充実しているかわかると思う。制度はないが女性が働くことが当然とされているアメリカと、制度はあるがそれを利用することを善しとしない日本と、実に対照的だ。

お隣の中国では、２０１５年夏、河南《かなん》省の信用組合が、従業員に対し妊娠の事前届け出を義務つけ、会社の許可なく妊娠した従業員には罰則を科す計画を立てているとの報道を受け、中国メディア各社が次々と非難の声を上げるということがあった。

同企業の通知文書には、「入行から1年以上たった既婚女性のみが家族計画予定表への参加を申請することができる」「家族計画を承認された従業員は、厳格にその計画に従わなければならない」「違反して妊娠し仕事に影響を及ぼした者は罰金1000元（約2万円）を科す」などの規則のほかに「妊娠により仕事に重大な支障を来した」違反者は会社の昇進や賞の対象から外され、報奨金や年末のボーナスを取り消されることなどが記されていた。中国メディアは「（この企業は）従業員を生身の人間としてではなく、生産ラインにある工具として扱っている」と激しく非難した。

企業側の気持ちもわからなくもない。予測不可能なリスクを回避し、なるべく予測可能な範疇に収めたいのだろう。だが、これをやってしまえば、メディアが批判するとおり人間が人間ではなくなってしまう。

制度を利用するにあたり、日本よりハードルの低い国もある。日本の場合は、産休・育休が取得できなければ、給付金ももらえない。カナダは日本同様、雇用保険から育児給付金を出している。にもかかわらず、カナダの場合は、産休・育休の給付金取得の要件は、

①前年、もしくは前回の労働保険の申請時以降に600時間以上労働している、②週の労働時間が40％以上減っている（妊娠・出産・育児のため）、③養子を迎えた・出産を控えている・出産したばかりのどれかに当てはまる、この三つを満たしていることだ（2013年時点）。

出産給付15週、育児給付35週で、給付額は給料の55％。上限は最高で週447ドル。1カナダドル92円で計算すると週4万1000円ほどが上限になる。

イギリスは日本の産休・育休を一つに合わせた出産休暇というかたちをとっている。雇用期間に関係なくすべての女性が26週間の普通出産休暇を取得する権利が保証されている。さらに出産予定前15週までに26週雇用されていた女性は、26週間の普通出産休暇のあと、26週間の追加出産休暇を取得する権利が保証されている（2010年時点）。

イギリスは、雇用保険と年金保険の合体である国民保険から出産・育児給付金を出している。要件は、出産予定日の15週前に、26週連続で同じ雇い主の元で働いていること。また、週の収入が国民保険を賦課される水準以上であること。39週まで支払われる。6週は税引き前収入の90％。それ以降は、週123・06ポンドもしくは税引き前収入の90％のどちらか低い方である。

ただし、右記要件を満たしていなくても、出産前66週のうち26週働いており、週の収入が平均して30ポンド以上あれば手当が支払われる。期間は同じ39週。週123・06ポンドもしくは税引き前収入の90%のどちらか低い方である。かなり不安定な雇用者にも幅広く給付がなされている。ちなみに、1ポンド160円で換算すると、週2万円弱と意外と高い。

フランスも日本と同じく少子化に悩まされていたが、クオーター制（政治における男女平等を実現するために、議員・閣僚などの一定数を女性に割り当てる制度）の導入などでいち早く対応し出生率を回復した。1977年に育休制定。当時の要件は、200人以上の企業に1年以上勤務する労働者が利用できるという要件だった。もちろん今は、中小企業にも適用範囲が拡大し、育休も3年へと延長。ただし、保育サービスが発達しているので、67・8%の女性が育休を取得せず働き続けている（2005年内閣府報告）。

子どもをケアしたために職業活動の停止、または削減した労働者には「職業自由選択補充手当て」がある。取得の要件は、老齢保険拠出金を出産前に24カ月提出していたこと。子ども1人の場合は、出産休業等終了後6カ月、2人以上の場合は、末子が3歳になる前月まで、就業活動全面停止期間または時間短縮期間に家族手当金庫が金銭給付を行なう。

2004年には非正規であっても就労継続を奨励すべきとの考えから、非正規でも給付を受けられる。

このように各国それぞれの制度体制になっており、カナダ・イギリス・フランスでは非正規で働く女性も給付金が受けとれる要件になっている（永瀬伸子「少子化対策として必要な非正規雇用者に対する社会保護」『週刊社会保障』法研参照）。日本の場合、非正規で働く女性の多くが産休・育休を取得できていないため、給付金を受けとれず妊娠とともに収入を絶たれている。

日本はアメリカのような新自由主義にはなれないだろうし、かといって北欧のような福祉国家にもなれないだろう。日本は日本に合った独自の解決策を見つけていくしかないように思う。

†なぜ今、マタハラが話題に？

〝古くて新しい問題〟であるマタハラ。

アメリカでは40年ほど前から議論されている問題で、フランスではグランドマザー（祖母）の時代の問題と言われている。それが今、ようやく日本で話題となったのはなぜか。

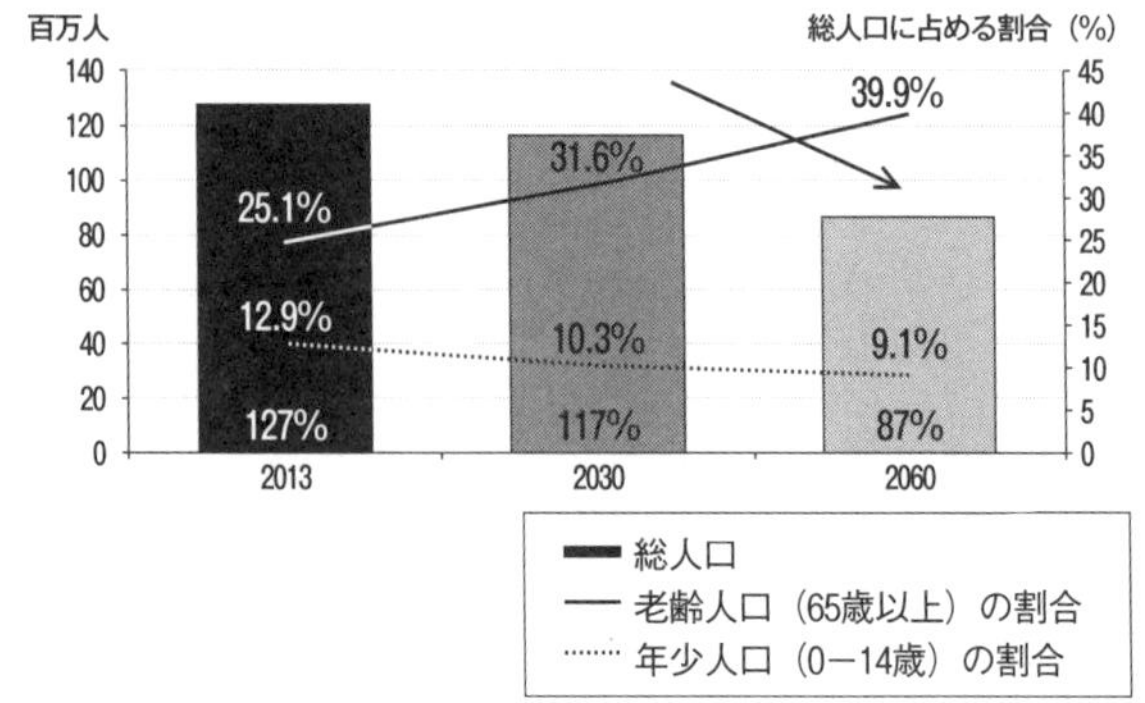

図表10　日本では人口減少と高齢化が加速
出所：内閣府、総務省、厚生労働省、国立社会保障・人口問題研究所

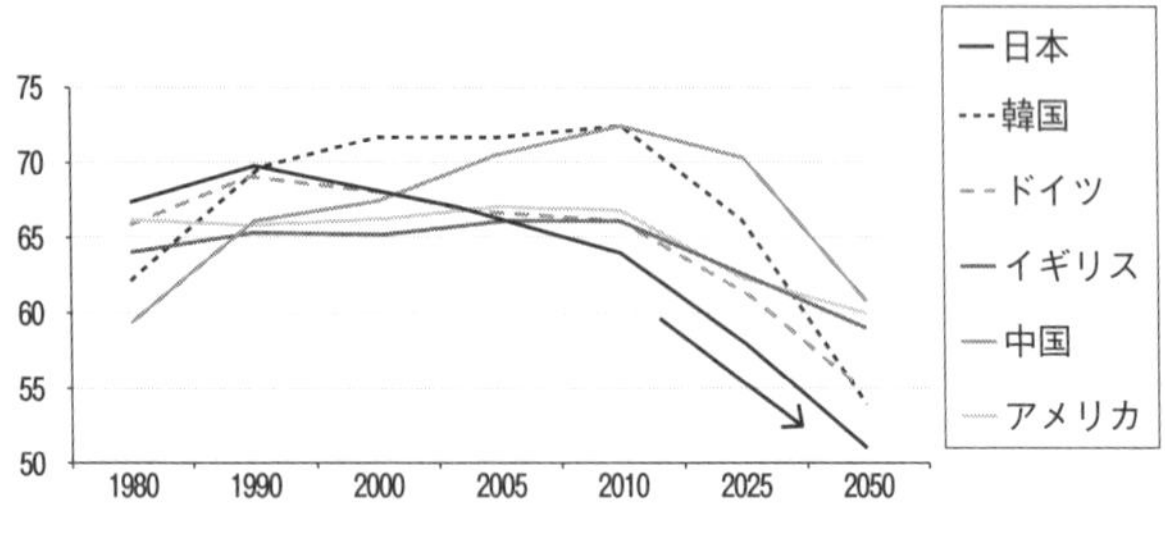

図表11　総人口に占める生産年齢人口（15〜64歳）の割合
出所：労働政策研究研修機構（JILPT）

一言で言えば、この問題についてそれだけ日本が遅れているということだ。日本はマタハラに向き合おうとせず、この問題を置き去りにしてきた。そして、いよいよ無視できないほど危機的状況になった今、ようやく重い腰を上げたのだと思う。

どれだけ危機的状況かを、ゴールドマン・サックスの作成した「ウーマノミクス4・0」を参考に説明したい。1人の女性が生涯に何人の子どもを産むかを推計した合計特殊出生率は2014年には1・42人、出生数は100万人を下回るのが目前で、人口減少と少子化への対策が急務である。

内閣府の予測によると、日本の総人口は2013年の1億2700万人から、2060年には8700万人へと30％以上減少し、高齢者の割合は2013年の25％から40％近くに拡大する見通しにある（図表10）。

それればかりか、日本は登録されているペット数2130万匹（犬・猫のみ）が、15歳未満の子どもの数1650万人を上回っているというOECDの中でも珍しい国である。また、生産年齢人口（15歳～64歳）は減少の一途を辿り、2012年以降は減少に拍車がかかっていて、諸外国より急ピッチで縮小することが予測されている（図表11）。

生産年齢人口の減少により、あらゆる業種で深刻な人手不足、労働力不足が顕在化し始めている。また、当たり前のことだが、少子化で消費者がいなくなれば、企業の商品やサービスを購入する人たちがいなくなり、その痛手はいずれ企業へとブーメランのように跳ね返る。これから多くの企業が潰れていくことだろう。

経済成長の三つの要素は、労働・資本・生産性と言われている。少子高齢化の問題に早急に抜本的な改革が行なわれない限り、日本経済は停滞し、国民の生活水準の低下、国全体の貧困へと直面していってしまう。

抜本的な改革に必要なリソースは何か。それが、産むと働くの選択権を握っている女性なのである。だからこそ政府は、〝女性の活躍〟と掲げたのだ。日本の女性の就業率が2013年時点で62・5％、これが男性同様の同年80・6％まで上昇すると労働人口は710万人増加し、GDPが15％近く上がるというデータもある。

働く女性が増えると、男性の職が奪われるのではないかという疑問が聞かれることがある。これは大きな間違いだ。働く女性が増えれば世帯年収が増加し、世帯年収が増加すれば消費が活発化し、消費が活発化すれば企業収益が拡大し、企業収益が拡大すれば投資が増加し賃金が上昇する、という具合に回っているからである。近視眼的に見ず、ぜひとも大きな視野で見てもらいたい。

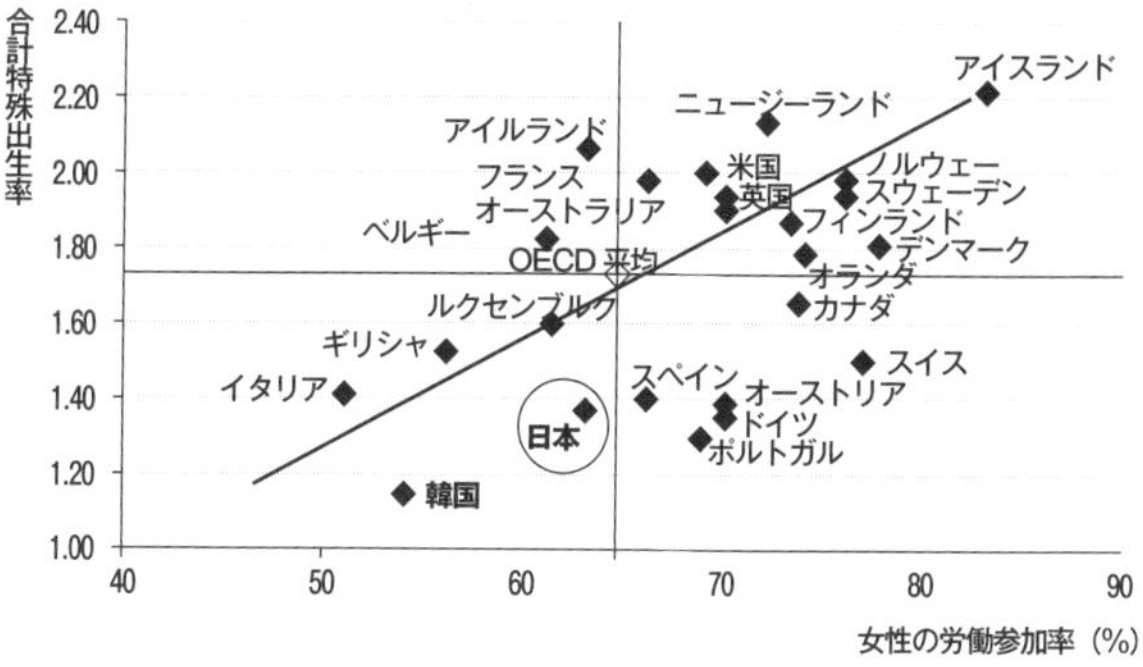

図表12　OECD加盟24カ国の女性労働参加率と合計特殊出生率（2009年）
出所：OECDデータベースをもとに内閣府男女共同参画局で作成

女性が働き続けたいと望むのであれば、その機会は奪われるべきではなく、働き続けられるよう対応することが、いずれは企業のためになり日本経済のためにもなる。これは同様に産むことについても言える。女性が産みたいと望むのであれば、その機会は奪われるべきではなく、産み育てられるよう対応することが、いずれ企業のためになり日本経済のためになり、そして日本社会のためにもなる。

女性全体が働き出すと、余計に子どもを産まなくなるのではないかという危惧が聞かれることがある。これも大きな間違いだ。OECD加盟24カ国の女性の労働参加率と合計特殊出生率を見てみると、女性の労働への参加率が上がるほど、出生率も上がるという比例関係にある。北欧諸国、オランダ、イギリスのように女性の就業率が高い国は、出生率も高い。

　また、「専業主婦の時代に戻るべきだ、その方が、女性が子どもを産むはずだ」とか、「男性の給料を上げて女性が子育てに専念できるようにすればいい」というような時代に逆行する意見もある。これも大きな間違いで、専業主婦になって万が一離婚したり死別したりしたら、誰が子どもを扶養するのか。離婚した母子家庭の8割が、養育費を払ってもらえていないという厚労省のデータがある。ひとり親世帯の半分以上が年収122万円に満たない貧困家庭だ。離婚率が上昇傾向の中、そんなリスクを背負う可能性がある結婚に、どれだけの女性が踏み切れるというのか。

　今や女性の多くが正社員で働き続けたいと願っている。出産後に復職を望む日本の女性は、77％とアメリカの89％やドイツの78％に劣らず多い。男性の給料を上げることにすれば、また男性が長時間労働の犠牲となる。男性の家事・育児の参加率が高いほど、第二子の出生率は高いのだ。

　子どもを産み育てるにはお金と労力がいるので、稼ぎがあり育児を分担できるほど子どもが産めるのは当然の構図である。その上、北欧は社会保障が充実していて、セーフティネットがきちんと張られている。医療費や学費がかからなかったりするので、万が一、離婚や死別、離職することになったとしても、産もうと思えるのだと思う。

日本は出産や子育ての社会保障も十分ではないし、税制が日本の女性を就労しないよう仕向けてもいる。世帯主（夫）は、配偶者の年収が103万円未満の場合、配偶者控除38万円を受け取ることができる。また、配偶者は、年収が130万円未満であれば、厚生年金加入者の被扶養配偶者として保険料を払わずに加入者になることができる。

こうした所得の壁があることによって、多くの女性は低賃金の非正規を選択するか、まったく就労しない専業主婦を選ぶよう誘導されてきた。この制度が導入された1961年当時は、男性が外で働き女性が家事・育児を担う性別役割分業が一般的であったが、今は、ダブルインカム世帯数がシングルインカム世帯数を上回るようになってきている。こうした税制、社会保障制度は時代に合わなくなってきているので、現代の働き方のスタイルに合う制度に見直していくべきだと思う。

図表からもう一つ見えてくるのが、日独伊の敗戦国の出生率が揃って低いことだ。日本の場合、敗戦からの復興や成長に時間をとられ、社会の成熟が他国より遅れをとったのではないかと思う。〝成熟社会〟とは、量的拡大のみを追求する経済成長が終息し、精神的な豊かさや生活の質の向上を重視する平和で自由な社会のことを言う。日本人の幸福度が先進国最下位であることからも、社会が成熟しているとはとても言えない。未だに長時間労働が横行しているのも、量的拡大のみにしか目が行っていない証拠だと思う。

敗戦国の国民は自国にあまり誇りを持てず、その自虐的歴史観から少子化につながっていると説く人もいる。一理あるのかもしれないが、戦後の日本はベビーブームの時期もあったので、一概には言えないのではないかと思う。それよりどちらかと言えば、社会の成熟が遅れたということは、将来的な問題（精神的な豊かさが得られないという問題）を今の問題として受け止める器《うつわ》がなく、今まで少子化に本気で取り組んでこなかったことの方が大きいのではないかと思う。

出生率最下位の韓国の少子化は、日本以上に深刻な状態である。少子化の原因は日本同様、未婚者の増加や晩婚化、そして雇用の不安定化が挙げられる。正社員になれず非正規社員として職を転々とする若者の増加が、結婚を先延ばしにして晩婚化をさらに進ませる要因と言われている。さらに、韓国の場合は、結婚は家同士のつながりが重視されるため、結婚式や新居の準備、親族への贈り物など、結婚すること自体に多額の費用がかかることも、結婚への敷居を高くしている。出生率が低いということは、日本同様のマタハラ問題もあると考えられるが、韓国にはマタハラにあたる概念や言葉はまだない。

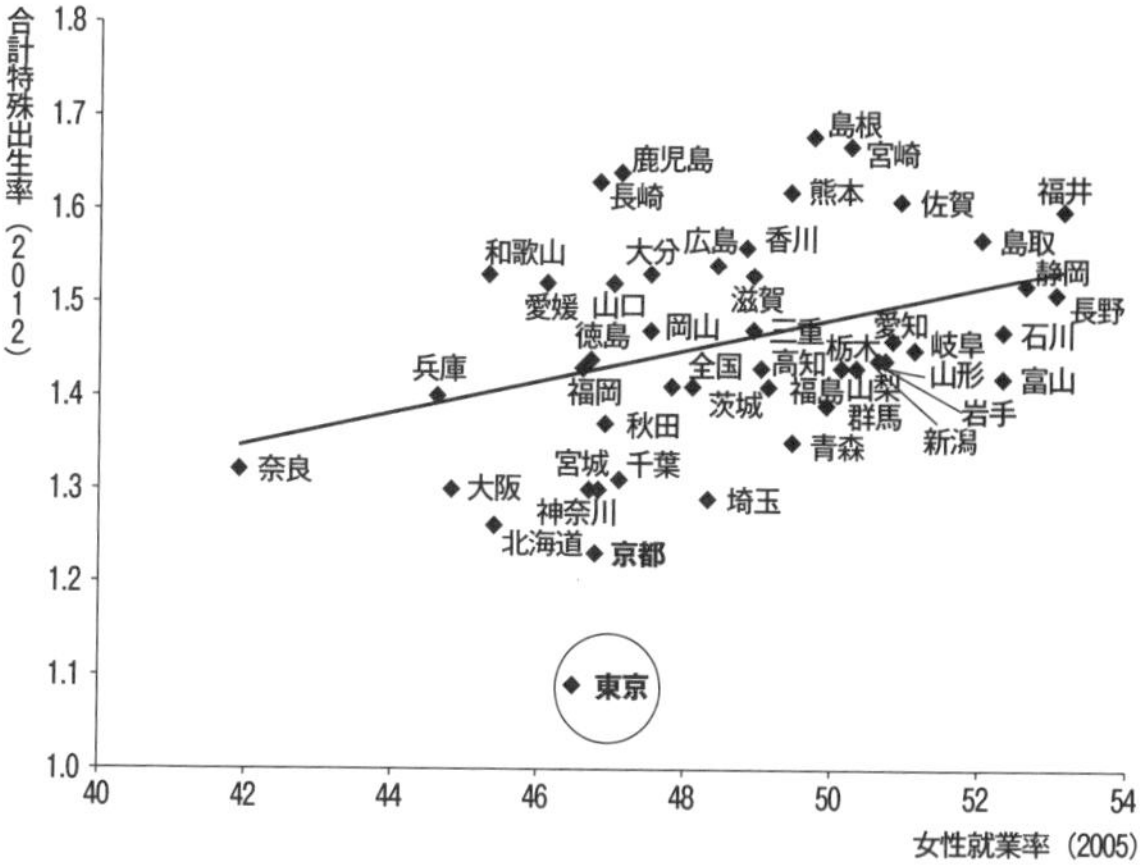

図表13　47都道府県の女性就業率と出生率の間に正の相関がある
出所：厚生労働省

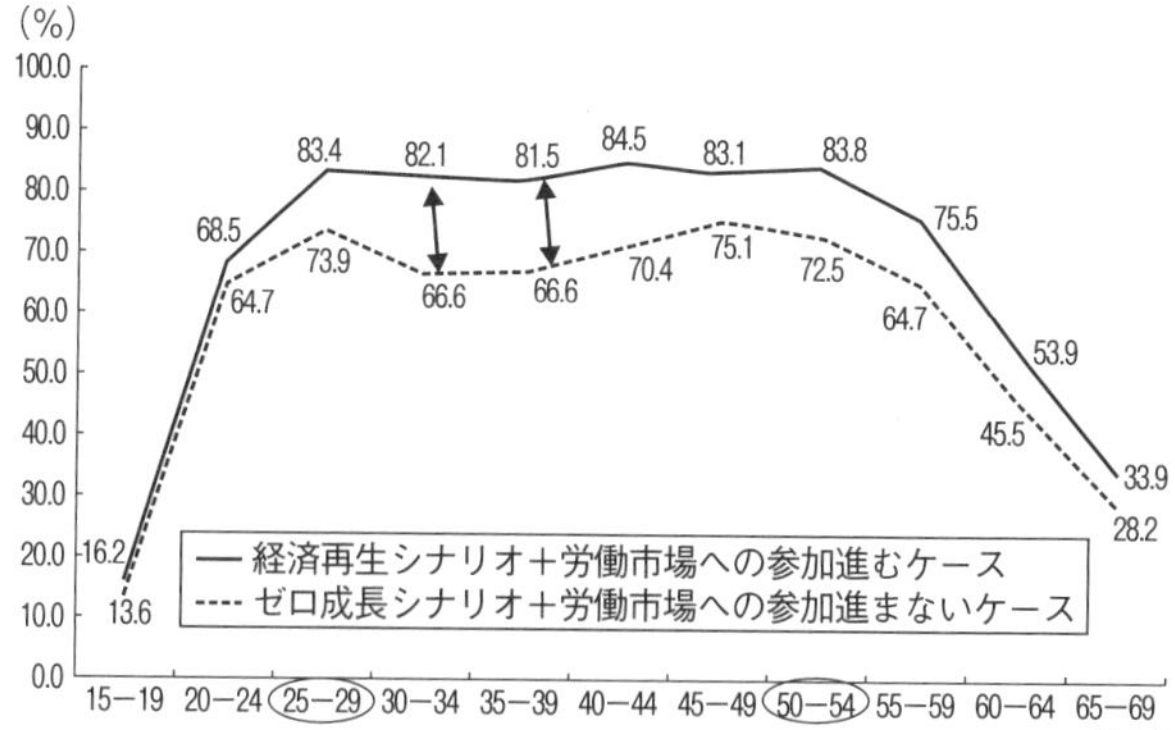

図表14　女性就業率の将来推計（2030年）と年金問題
出典：「労働力需給の推計（平成26年２月）」独立行政法人労働政策研究・研修機構

†日本という傾きかけた沈没船

「韓国は出生率最下位で大変ね」と眺めている場合ではない。

日本国内で見ると、図表12の韓国と同じような位置を東京都が占めている。人口が集中している都市部でのこのような低い出生率であることが、日本全体の出生率を下げていることにつながる。この影響があってか、生産年齢人口の減少（図表11）は、韓国より日本が下回り最下位となっている。

また、若い世代が出生率の低い東京都に集中することも、人口減少を加速させる要因と考えられる。日本全体の出生率を上げるためには、東京一極集中の流れを変えること。地方創生の名のもと、国と地方が総力を挙げて人口ビジョンと総合戦略の策定に本気で取り組む必要がある。そしてもう一つ。東京都の出生率を上げることが必要になってくる。

このように、日本は少子化と高齢化のダブルパンチで危機的状態である。このままでは、日本から日本人がいなくなるけどいいですか？　というくらいまでの問題だ。女性に働いてもらわなければ、子どもも増えない。子どもがいなければ、高齢者を支えることができない。

少子化で将来的に年金を納める人たちが減ってしまえば、私たちの老後の年金も危うくなる。少子化が進み年金を補えなくなるのは明らかなので、現在は働けていない女性や高齢者を労働市場に参加させ、年金保険料を払ってくれる人を増やす必要性もある。厚労省は15年後の２０３０年には、25歳から50歳までの女性が80％以上働き続けてはじめて、年金財政が健全化できる見通しを立てている。

この年齢の女性たちは、〝M字カーブ〟と呼ばれる結婚・出産・育児で女性が働けなくなるカーブのくぼみに位置し、このカーブを15％近く引き上げなければ、現役世代の所得代替率は50％を切ることになる。所得代替率とは、年金額を現役世代の手取り収入と比較した割合を言う。この割合が50％を切れば、高齢者の年金を受けとる水準の引き下げ、もしくは受けとり水準を維持するための保険料の値上げなどをせざるを得なくなる。少子化問題だけでなく、年金問題にも女性が就労し続けることが大前提なのだ。

日本は今、傾きかけた沈没船だ。沈没に加担し、日本を沈めようとする重石《おもし》となるマタハラなど、決してあってはならない。

ようやく〝今〟、マタハラ問題にスポットライトが当たった。マタハラは日本の少子化と経済難を直撃する〝経済問題〟であり、政府の掲げる〝女性活躍の障害〟となる悪しき慣行である。だから、政府が急ピッチで対応強化に当たろうとしている。

２０１５年は、男女雇用機会均等法の制定から30年にあたる節目の年だった。女性活躍推進新法の制定が、なぜ〝２０１５年〟だったのか。

少子高齢化の危機的状態の影響もあるが、もう一つ２０１１年３月11日に発生した東日本大震災が影響しているのではという意見がある。震災からの復興支援に、女性の活躍があった。女性ならではの視点、女性ならではの気配り、女性が意志決定の場に入ることの意味。女性はこんな働きをするんだ！　と、男性、そして社会が理解するきっかけになったという。

第一次安倍内閣のときには女性の活躍などの言葉はまったくなかったのに、第二次安倍内閣以降に突然「女性が輝く社会」と言い出したのは、震災を挟んだからではないかと言われている。東日本大震災（３・11）では原発の影響もあり、日本経済は一時期がた落ちした。そこから復興していく姿は、傾きかけた沈没船である今の日本が、ふたたび舵を取って前進していく姿の縮図となったのかもしれない。

女性の活躍が経済成長戦略として位置づけられるのは、世界でもあまり例がないそうだ。均等法の制定から30年経って、ようやく重い腰を上げるという変化の前には、いつもだれ

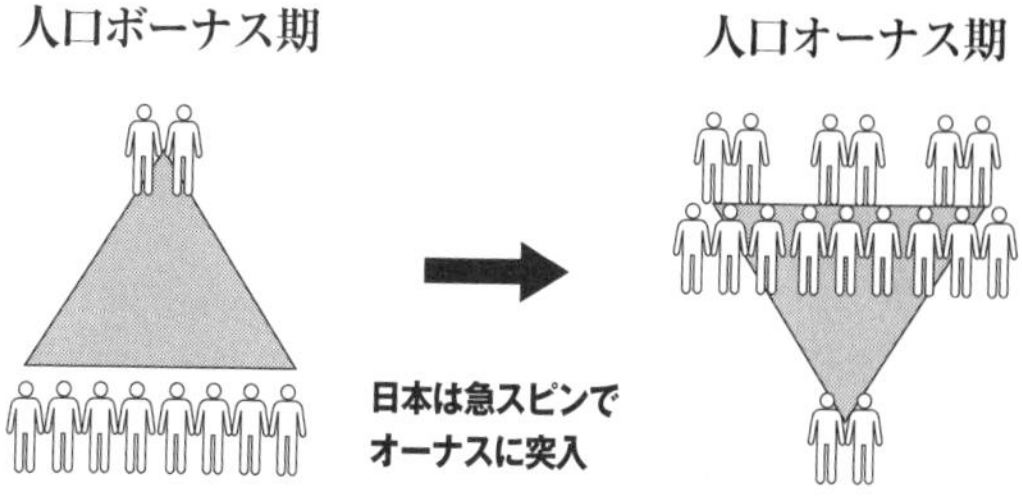

図表15　人口構造から見る働き方改革の必要性

かの悲しみがある。

人口ボーナス期と人口オーナス期

人口構造から見た働き方改革の必要性を唱える学説がある。ハーバード大学のデービッド・ブルーム氏の人口ボーナス期と人口オーナス期という考え方だ。マタハラNetのアドバイザリーボードになってくださっている（株）ワーク・ライフバランスの小室叔恵《よしえ》氏もプレゼンされている大変説得力ある学説だ。

底辺が長い方を下に三角形を思い浮かべてほしい。働く人が大勢いて、支えられる高齢者が少ない人口構造を〝人口ボーナス期〟と呼ぶ。この構造の場合、社会保障費が嵩《かさ》まないので経済発展しやすい。現在の中国、韓国、シンガポール、タイなどが人口ボーナス期にあたり、急速な経済成長をしている。インドは2040年までこのボーナス期が続くと言われている。

1960年代、日本の高度経済成長期がこの人口ボーナス期にあたり、アジアの奇跡はこの人口構造ですべて説明がつくという。自動車や電化製品などの重工業の比率が高いこの時代は、男性の筋肉質な働き方が必要とされた。安くて速くて大量生産。長時間働けば働くほど成果に直結し、企業の利益となった。つまり、長時間労働が理に適っていた。

また、均一なものを大量生産するため、同じ条件の人材が必要だった。働く人がたくさんいるので人件費は下がり、その人件費の安さで世界から仕事を集めることができた。この時期に企業が作り上げたのが、単身赴任という日本独自のシステムだ。

ありあまる同じ条件の人材たちを、ふるいにかけるシステム。単身赴任や国内・海外転勤をさせ、それに耐え忍んだ者に対し、ちょっとだけ出世というご褒美を与える。そのことにより、企業にとって使いやすい従順な企業戦士＝モーレツ社員を育成していった。

しかし、日本の人口ボーナス期は1990年代に終わったとされている。ポイントは、一つの国に人口ボーナス期はたった一度しかなく、終わると二度とこないと言われていることだ。経済成長し豊かになると、子どもへの投資が始まり学歴社会になっていく。すると、少子化になり〝人口オーナス期〟に転換する。

オーナスとはマイナス、重荷・負荷という意味。三角形が逆転し、働く人の割合はどんどん減少し、支えなければならない高齢者が大勢いる状態だ。この人口構造になると、社会保障費の維持が困難になっていく。働く人が少ないということは、1人当たりの人件費が上がり、高い人件費の安さではもう仕事を集めることができない。そして、人件費が高いということは、短時間で効率よく成果を上げる必要性がある。

今はITの時代。頭脳労働の比率が高い時代で、男女どちらが働いても大差がない。ITの時代は、常に新しいアイデアが必要とされるから、異なる価値観、多様な人材が必要になってくる。

北欧諸国、EUの国々、そして日本はすでにオーナス期に入っている。アメリカだけが例外で、人口増加のペースが衰えることなく増え続けている。その理由は移民の受け入れや、人種・宗教の多様性などアメリカ特有の柔軟かつ適応的な社会の仕組みがあるからと思われる。

日本の問題はオーナス期に入っただけではなく、少子化と長時間労働の影響により急スピンでオーナス期へ突入したことだ。にもかかわらず、未だに働き方をチェンジしようとせず、長時間労働を繰り返している。だが、ゲームの参加者が変われば、ルールチェンジをしなければならない。

これからは、育児や介護、病気や障害、さまざまな条件を抱える人たちが職場に溢れるようになる。時間的制約を持つのは、もはや女性だけではなくなる。労働人口が減れば、高齢者や学生の労働力も必要になってくる。長時間労働や人材をふるい落とすだけの無駄な単身赴任や転勤、出張が横行していては、だれも働き続けることができなくなってしまう。マタハラなどをして、女性を排除している場合ではもはやないのだ。

あと2~3年で団塊の世代が一斉に70代に入ると言われている。今度は、上司たちが介護休を取り出すようになる。この数年が企業にとっての勝負どきだ。人口ボーナス期からいち早く人口オーナス期の働き方にチェンジできるかどうか。これが企業の今後の存亡に大きく関わることになる。

このように、人口構造から見ても企業にとって働き方の見直し=働き方改革が必要なのだ。そして、人口ボーナス期の山と人口オーナス期の山は、地続きにはつながっていない。チェンジというように、ボーナス期の山からまったく異なるオーナス期の山へと、いち早く飛び移らなくてはならないのだ。飛び移る〝勇気〟が、今企業に求められている。

第4章

私たちになにができるか

――働き方のルールが変わる

†日本の労働者には武器がない。唯一の武器は？

自分の労働審判の経験や多くのマタハラ被害相談を受けるなかで〝日本の労働者には武器がない〟ということを知った。武器がないどころかほぼ丸腰状態で、マタハラ被害女性はまったく守られていない。

日本の法律はそもそも性善説のもとに作られている。法律さえあれば、みんながそれを守るはずという前提のもとに成り立っている。だから、妊娠を理由にした解雇や退職強要は違法という法律はあっても、それに違反したところで何の罰則もない。

厳密にいえば、平成11年度より企業名公表というペナルティはあったが、厚労省が行使したことは今まで一度もなく、2015年9月に初めて、茨城県の皮膚科クリニックの事業主名が公表されただけだ。

被害実態調査の「マタハラ白書」からもわかるように、やっとの思いで駆け込んだ労働局雇用機会均等室は機能しておらず、解決には至らない状態が続いていた。司法の場にまでいくのは、ほんの一握りの女性。司法の場にいけば、会社側からのセカンドハラスメント＝人格攻撃などが待っている。民事訴訟となれば何年かかるかわからない。

また、たとえ勝訴したとしても解決金はとても低い。日本には懲罰的慰謝料という考え方がない。精神的苦痛に対する慰謝料の保証はほぼなく、遺失利益（相手方からの不法行為や、違約がなかったら当然失わなかったはずの利益・収入）という考え方があるだけだ。

解雇が解雇無効だった場合で、当事者の給与の半年分が解決金の相場と今は言われている。これも以前は1年分くらいが目安だったが、使用者側からの要望で徐々に下がってしまったと聞く。また、日本の裁判は前例主義で、前例に従うので大きな金額にはなりえない仕組みになっている。しかも日本のマタハラ訴訟の場合、その前例が数えるほどしかまだない状況だ。

私が受賞でアメリカに行った際、労働問題に詳しいアメリカの女性弁護士と話す機会があった。私の労働審判での解決金額を言うと、目を丸くし口を開いて「ありえない！」と言った。

「アメリカのどんな低い解決金額の州に行ったって、あなたの額ほど低いことはない！　そんな金額で、企業にとって何の罰になるというのか？　金さえ払えば辞めさせることができ、企業は痛くも痒《かゆ》くもないではないか！」と。

私は言った。「そうなんだ。日本の労働者には武器が何もないんだ。さらに、日本には裁判文化がないので、裁判を起こす人がオカシイのではないかというバッシングすらある。けれど、私の金額はまだいい方で、下手したら2桁の解決金額だってあるんだ」と。

アメリカは裁判文化の国なので、多くの人が裁判という手段に踏み切る。また、被害者の心的ストレスを軽減するために、被害者に代わって裁判を行なってくれるNPOなどが存在する。そして、弁護士費用は勝訴すればすべて相手方の負担となる。日本の場合は勝訴しても、弁護士費用は自己負担だ。アメリカには懲罰的慰謝料という考え方があるので、下手をしたら企業が何億という損害賠償金をとられる可能性もあり、女性の働く権利が確立していったと聞く。

この女性弁護士以外にも多くのアメリカ人から言われた。

「あなたは大変だね。マタハラに対する罰則もなく、裁判しても企業に対する懲罰的慰謝料もなく、それでどうやってこの問題を解決できるの？　あなたはどうやってマタハラ問題を解決する気なの？」と。

そのたびに私は答えた。「たった一つだけ方法がある。これが唯一の武器で、これしか望みはないんだ。日本には〝恥の文化〟があるんだ」と。

マタハラ＝恥ずかしいと思わせること。マタハラ＝恥という文化を作ること。

幸いマタハラは感染力の高い伝染病だ。グラデーション化して広がっていく。企業は風評被害を恐れる。風評被害が起これば、商品やサービスは売れず、優秀な人材は集まらなくなり、企業のイメージダウンは計り知れない。日本の場合は、もはやここしか方法はない。そして、今はSNS社会なのでいくらだって拡散していく。

このような内容を、2015年8月に行なわれた政府主催の「WAW！2015」という国際的な女性会議で、リードスピーカーとして私は訴えていた。その日から1週間以内の2015年9月4日に、厚労省が初のマタハラ事業者名公表を行なった。

公表に踏み切った背景には、妊娠経験のある女性の約9割が「マタハラ」という言葉を知っているという認知度の高まりに逆行して、6割を超える人が「状況の変化を感じない」という改善が進まない実態調査データを連合が発表したことがあったかもしれないけれどやはり一番は、多くの女性が全国の労働局に声を上げていることにあると思う。今回の厚労省の対応で、全国の労働局雇用機会均等室がマタハラ企業に対し厳しい姿勢で臨むようになることを期待したい。

企業名公表に対しても、いろいろな意見があると思う。特に多いのは「女性が声を上げれば、企業が女性の採用を見合わすのではないか」という意見だ。実際、今年の女性採用は見送った、という内容のメールをもらったこともある。目先の利益を優先し、女性を雇いたくないと判断するのであれば、そうすればいいと思う。しかし、そのような企業はいずれ枯渇し、経営が回らなくなり、潰れていくことになるだろう。

マタハラに対し女性が声を上げることは、むしろ企業のためになると思ってほしい。企業が働き方の違いを受け止めるチャンス、働き方を変えていかなければならないと気がつくきっかけになってほしいと思う。

†ハラスメント大国、日本!

「セクハラ（セクシャルハラスメント）」「パワハラ（パワーハラスメント）」「マタハラ（マタニティハラスメント）」といった〝三大ハラスメント〟だけではない。現代社会にはさまざまなハラスメントが溢れていて、今や日本はハラスメント大国と言える。

「アカハラ（アカデミックハラスメント）」とは、大学などの学内で、教職員がその権力を濫用して学生や部下の教員に対して行なう嫌がらせ行為。上下関係を利用した嫌がらせであるためパワハラの一つと捉えられている。

「アルハラ（アルコールハラスメント）」は、アルコール飲料にからむ嫌がらせ全般を指す言葉で、アルコール類の多量摂取の強要（一気飲み）や酩酊状態の者が行なう迷惑行為をいう。

「エイハラ（エイジハラスメント）」は、年齢を理由としたハラスメントのことで、本来は中高年の社員に対する差別や嫌がらせを意味する。最近では若い女性社員や、家庭内で父親に対して、あるいは介護施設の利用者に対する意味も含まれる。

「オワハラ（就職活動終われハラスメント）」は、企業の人事関係者が、学生に対して就活を終わらせて自社に入社するよう圧力をかける行為をいう。

「モラハラ（モラルハラスメント）」は、モラル（倫理観や道徳意識）による精神的なDV（ドメスティックバイオレンス）のことで、言葉や態度で精神的に傷つけて、相手を洗脳し支配すること。相手を不安にさせたり、萎縮させたりして、一方的に利用したり失脚させたりすることをいう。

まだまだ「○○ハラ」と呼ばれるものはたくさんある。子どもに対する〝いじめ〟が、大人に対しては〝ハラスメント〟という言葉に変わる。なんでもかんでもハラスメントと名づけて、行きすぎた過剰反応をするのは間違っていると思う。メディアが煽《あお》っている点も否めない。事実関係を明らかにするたしかな証拠もないのに、某芸能人の離婚問題をモラハラだと報道しまくるのはいかがなものかと思ってしまう。

しかし一方で、実際にこのようなハラスメントが横行し、本当に傷ついている被害者が大勢いるのも事実だ。ハラスメントの被害者が身近にいない人たちからすれば、だれが被害者でだれが行きすぎた過剰反応者か、区別がつきにくいと思う。明確にはっきりと区別できるのは、司法の判断や行政の判断が下された事案だ。確実にハラスメントがあったと思ってほしい。

ハラスメントを行なっている本人にそのような意図がなかったとしても、相手が傷ついたり、不快に思ったり、不利益を受けたりすれば、その瞬間からハラスメントと呼べてしまう。

そして、ハラスメントする人は〝オールハラスメント〟してしまう。パワハラする人は、セクハラもマタハラもしてしまうのだ。フォークとナイフの使い方といったテーブルマナーがわからないように、そもそもコミュニケーションの取り方がわかっていないので、自分が相手を傷つけていることにさえ気づかない。自分の時代はこうだった、こうするべき、こうであるべきと、自分だけの価値観でしか相手とコミュニケーションを取ろうとしない。それに対し、相手がどう感じているかなどおかまいなしだ。

特に日本の男性は、役職につくと「偉くなった」と勘違いする人が多い。「偉い俺の言うことには、みんな従うべき」という発想になってしまう。役職は単なる役割分担であって、組織のマネジメントをするというお役目が与えられただけだ。偉くなったと勘違いする人に限って、自分に与えられたポジションの役割が認識できておらずマネジメント力もない。そして、被害者が反論しなければ、自分のコミュニケーションは肯定されているととってしまう。自分のコミュニケーションに疑問符がつくことはない。

このような勘違いを引き起こしてしまう要因に、年功序列という悪しき日本の制度がある。マネジメント力があるから管理職についているわけでなく、勤続年数が長いから、年齢が上だからという理由で管理職になってしまっている。だから、マネジメント力はおろか、基本的なコミュニケーション力さえないような人が管理職についてしまい、ハラスメントの横行を引き起こしている。

今起こっているこの「○○ハラ」のオンパレードは、日本にアレルギー反応が起こっている証拠だと思う。古いコミュニケーション観を打ち破り、新しいコミュニケーション観に転換しようとするその現われが、文化運動でも解放運動でもなく、「○○ハラ」という言葉によって具現化し、その認知を広めようとするムーブメントで行なわれ始めている。

特に職場におけるコミュニケーションについて〝三大ハラスメント〟と名づけたということは、働き方の見直しにもつながる労働者側からの逆襲ともいえる。古い働き方を打ち破り、新しい働き方へとチェンジさせようとする、その最初のアクションが「〇〇ハラ」と名づけることなのだと思う。

新しい価値観の世代が職場に増えれば、コミュニケーションの取り方や働き方のルールチェンジが始まるのはごく自然のことだと思う。そして、この流れは職場だけにとどまらず、いずれは社会全体に広がるべきだと思う。職場のダイバーシティから、社会のダイバーシティへ。価値観の多様性が社会に広まれば、その社会は精神的に豊かで思いやり溢れることだろう。

†産ませない大国、日本!

私は人事部長から「妊娠は諦めろ」という衝撃発言を受けた。マタハラNetで行なった被害実態調査で「マタハラをしてくる相手から一番傷つけられた言葉は何でしたか?」という質問を行なうと、数多くの女性が衝撃発言を受けている。

「相談なしに妊娠するな」

「堕ろす覚悟で働け」

「妊娠するとわかっていたら、君なんか雇わなかった」

「妊娠したの？　迷惑だ」

「あなたがどうなろうが私は知らない。妊娠は自己責任だ」

「妊娠とかしないでね」

「会社に妊婦がいるなんて嫌だから堕ろせば？」

「頭をさげろ。謝罪しろ。覚悟しろ」

「妊娠はしないでください」

「子どもを堕ろさないなら仕事は続けさせられない」

「子どもなんか」

「だから女性は雇いたくなかった」

「産むなら辞めて。堕ろすのは簡単。10数えたら終わってるから」

これらは実際に、職場で妊娠した女性たちに向けられた言葉の数々だ。

マタハラ被害女性は「妊娠しなければよかった」「妊娠が悪いことに思えた」「二度と妊娠したくない」とみな口々に漏らす。今の日本は〝産ませない社会〟だ。日本は自ら進んで少子化に向かっている。子育てが社会の真ん中になく、社会の外の外の一番外側に追いやられてしまっている。妊娠・出産・子育てにこんなにも厳しい国で、少子化が解消されるわけがない。

なぜこんなことが起こってしまったかというと、もちろんあらゆる角度からの理由が考えられるのだが、日本には子育てが家の中に閉じ込められてきた時代があったからだと思う。高度経済成長の性別役割分業により、男性が外で働き、女性が家事・育児を担っていう時代があったことで、女性の妊娠の姿、育児する姿が家の中に閉じ込められてしまった。

大家族で、家族みんなで子育てするという形は崩壊し、核家族化により母親ひとりが一身に家の中で子育てを背負ってきた。大家族であれば、お姉さんが妊娠する姿、育児する姿を見て学ぶことができたが、核家族化した今は、自分が妊娠して初めて妊娠という状態に直面する。

旦那は朝から晩まで仕事で不在。出産に立ち合うのは、旦那ではなく自分の母や義理の母。初めての授乳や初めての夜泣きに直面しても、育児のサポートはだれからも受けられず、旦那からは「仕事で疲れているんだ。夜中に泣かせるな」などと言われてしまう。あげくの果てには「子育てはすべてお前に任せてきた。子どもが反抗するのは、お前の教育が悪いからだ」とさえ言われかねない。

性別役割分業の時代があったことで、日本は妊娠・出産・子育てがすべて母親の〝自己責任〟の国になってしまった。職場で1週間休むという行為に関しても、病気・ケガは不可抗力と捉えるが、妊娠は自分で希望したことでしょ＝〝自己責任〟となってしまう。だから、妊娠したら辞めるのが当然のように見なされてきたのだ。

しかし、女性の社会進出が進み、妊婦が家の中から職場へと飛び出した。妊婦が朝のラッシュの電車に乗るようになり、妊婦がオフィスで仕事をするようになった。土日の昼間にパパたちが抱っこひもをつけて、公園で子どもをあやす光景が多く見られるようになった。妊娠・出産・子育てが家の中に閉じ込められていた時代から、外へと解放されるようになった。

†変化へのアレルギー反応という問題

古いあり方から新しいあり方へ。ここに対するアレルギー反応がマタハラだ。マタハラは何も職場だけに限られたものではない。上司や同僚以外の一般人もっと言えば〝一般社会からのマタハラ〟もある。電車のベビーカー論争やマタニティマーク問題、保育園の騒音問題などがこれにあたり、精神的な嫌がらせや心ない言葉といったマタハラになる。

電車内ではベビーカーをたたむべきか否か。そもそもベビーカーで乗車するべきではないのか。日本の男性はなぜベビーカーを押す女性を手助けしようとしないのか。「私たちの時代はベビーカーで乗車などしなかった」という同性からの理解のなさはなぜか。ベビーカーで乗車しスペースを占領しながらも悪びれることのない母親に問題はないのか。ベビーカー論争とは子育て論争の一つだ。電車内のマナーにとどまらず、〝母親とはこうあるべき〟といった母親像を問うことに端を発している。

マタニティマークは、外見からは妊婦であることがわからず、周囲が配慮しにくいという問題を解決するために、2006年に厚労省が作成し運営を開始した。このマークを快く思わない人も多く「妊婦が電車に乗るな」「席を譲れと言わんばかりで腹立たしい」といった意見があったり、なかには故意にお腹を押された、お腹を蹴られたという話もネット上には上がったりしている。反対に、席を譲ったのに妊婦からはお礼がなかった、とマークを使用する女性側のモラルを問う意見もある。

産休・育休などの制度を利用することを善しとしない労働文化と同様に、マタニティマークを利用することを善しとしない社会文化がある。席を譲るマークと誤解している人も多いようなので、まずはこのマークの意味が何なのか、その共通認識を広める必要があると思う。

そして、ただでさえ待機児童問題という少子化における大きな問題を抱えている日本なのに、保育園を建設する際に、子どもたちの声が騒音だと近隣住民から反対運動が起こったりする。騒音は住民の生活を脅かす深刻な問題だと思う。

けれど、だからといって解決策がまったくないわけではなく、遮音性や防音性を検討すればいいのではないか。園の庭を半地下にしたり、民家に面した方向には窓を作らなかったり、建設側の負担で民家に防音窓をつけたりすればいいのではないか。それによって建設費用が上がるのであれば、そういう場面にこそ税金を使ってほしいと思う。少子化、少子化と言っているにもかかわらず、何千万、何億という税金の無駄遣いのニュースを見ると、私はいつもこのお金で保育園が何件建つのだろうと思ってしまう。

さまざまな意見はあるだろうが、大前提として日本は妊娠・出産・子育てに対して優しくない。それどころか、異常なまでに厳しすぎる。日本人が母親という存在に厳しいのは、〝母親の自己責任〟というところから来ていると思う。子育ては、母親の自己責任の範囲内に治められなくてはならない。子どもを産んだその瞬間から完璧な母親を求められ、子どものことで他人に迷惑をかける母親はダメな母親だという痛烈な視線を送られる。母親の自己責任論から始まり、母親とはこうあるべきという理想が硬化してしまっている。

母親に優しくない国は子どもにも優しくなく、当然高齢者や障害者にも優しくはない。自己責任のブーメランは、いずれ年老いていく自分にも跳ね返ってくる。私は日本に自己責任の国のままであってほしくはない。産ませない社会なんて悲しいし、何より情けない。職場のコミュニケーションが変われば働き方が変わる。長時間労働が見直されれば、ひとりひとりに時間のゆとりや精神的ゆとりができる。

満員電車にベビーカーを押して母親が乗ってきた。じゃあその周りの5人くらいは電車を降りて、みんなで空間を作ってあげればいい。遅刻したら堂々と「ベビーカーに譲ったので」と報告して、上司は「それはよいことをしたね」と褒めればいい。と綴るのは『赤ちゃんにきびしい国で、赤ちゃんが増えるはずがない。』（三輪舎、2014年）の著者、境治さんだ。

今の日本社会からはほど遠いが、思いやりある社会とない社会だったら、思いやりある社会がいいに決まっている。こんなの理想だ！　現実的ではない！　と言い捨てないで、みんなが生きやすい社会を考えたい。

✝不妊治療大国、日本！

現在日本は、猛スピードで晩婚化が進んでいる。

「マタハラ→晩婚化→晩産化」と負の連鎖を招いてしまうことを、私は〝マタハラドミノ倒し〟と呼んでいる。

産ませない社会の影響で、現代の日本は適齢期での出産が減少し、高齢出産化している。〝マタハラ大国〟であり〝産ませない大国〟なので、〝不妊治療大国〟になるのはごく自然な話だ。

日本は世界一不妊治療のクリニックが多く、世界一体外受精の件数が多い。赤ちゃんの27人に1人が体外受精により誕生している。不妊治療や検査を受けたことのある夫婦は6

組に1組とも言われている。2度の流産後、卵巣機能不全になり、子どもはしばらく難しいと言われた私は、2度目の流産から3年近く経っても自然妊娠ができず、現在不妊治療のお世話になっている。私も不妊治療大国を後押ししている女性の1人だ。

卵子というのは生まれたときから一生分の数が決まっていて、新しい卵子を再生することはできず老化していく。一般的に女性は30歳を超えると自然妊娠する可能性が徐々に低下し、35歳頃からは急激に低下すると言われている。流産する確率や子宮筋腫などを患《わずら》う確率も、加齢とともに増加する。不妊の原因はさまざまに考えられ、男性側に問題があることもある。

日本の場合、多くは結婚してから妊娠を望むことになる。晩婚化が進むと高齢になってから初めて自分たち夫婦は子どもを授かることができるのか、そうではないのかを知ることになる。また、結婚したら自然に授かるものと思いがちなことも、さらに病院の扉を叩くのが遅れる要因となる。

病院の扉を叩いたときには、妊娠できるかできないかのギリギリのタイミングになってしまっていることが少なくない。芸能人の高齢出産のニュースはとてもおめでたい話だが、あれをスタンダードだとみなが勘違いしてしまうのは危険なことだ。妊娠・出産にはタイムリミットがあることを、今一度しっかりと知ってほしい。

また、マタハラが蔓延することによって、「マタハラ→晩婚化→晩産化→不妊治療化→少子化」となっていることも知ってもらいたい。不妊治療はよく、精神的苦痛・肉体的苦痛・金銭的苦痛の〝三重苦〟と言われる。私も今、不妊治療の真っ最中なので〝三重苦〟の意味が身に染みてよくわかる。マタハラにより、不妊治療という二次被害が引き起こされる可能性がとても高い。これでは、女性たちの悲しみの連鎖が続いてしまう。負の連鎖を止めるためには、妊娠にまつわる教育を早い段階からする必要があると思う。

†「女性が一枚岩ではない」という壁

日本の女性が一枚岩でないことも、女性が働き続けることへの理解が進まなかった理由だと思う。

日本の女性は、大きく分けて三グループに分かれている。結婚や妊娠を機に、専業主婦を選択する女性。結婚や妊娠を選択せず、キャリアを最優先に働く〝バリキャリ（バリバリ働くキャリアウーマン）〟と呼ばれる女性。そして、結婚や妊娠、子育てしながら働き続けたいと希望する〝ワーママ（ワーキングママ）〟と呼ばれる女性。

私にマタハラをした4人の上司の奥さんは、揃って専業主婦だった。すると、上司たちの頭の中は、専業主婦が女性の一番の幸せの形なのだと固定され、女性の価値観の多様性を理解することがまったくできないのだと思う。

また、三つのグループの女性同士で、足の引っ張り合いが始まってしまう。マタハラNetに来た私へのバッシングのメールは、女性からのものの方が辛辣《しんらつ》だった。

専業主婦の方からは、「保育園に子どもを預けて仕事を優先するなんて、子どもが可哀想だと思わないのか」「仕事を選択して流産して自業自得」「流産してしまったのは母親の自己管理がなってなかったから。自分で自分の子を殺しておいて責任転嫁するのか。自分の子どもも守れないダメな母親」など。

バリキャリの方からは、「子どもを諦めてまで、本当に働きたいと思っている女性たちの邪魔をしないでほしい」「本当に能力があれば、会社からいてくださいとお願いされるはず」など（実際に来たメールからの抜粋）。

専業主婦の方もバリキャリの方も、どちらか一つを選択している。そのため、両方とろうとするなんて欲張りだという考えが私に向かうのかもしれない。

女性は男性の労働社会に後から入る新参者だったため、男性の鎧を被って男性と同じように長時間働くことでしか認められなかった。男性並みに働いてくれるバリキャリの女性がいるおかげで女性の社会進出が進んだので、バリキャリの女性たちには感謝するべきだと思っている。また、24時間子育てを一身に担う専業主婦の女性の労働力も、もっと尊重されるべきだと思う。

ただ、仕事か子どもか二者択一に追い込まれることで、少子化が進んでしまったのであれば、やはり働き方を見直す必要があるのではと思う。専業主婦であろうが、バリキャリであろうが、ワーママであろうが、女性が選びたい道を選べる社会であってほしい。それが、女性全体の地位向上にもつながるし、女性の人権が守られた社会と言えると思う。

†マタハラの三つの関所と「マミートラック」

女性は〝三つの関所〟を通過しなければ、妊娠・出産・育児をしながら働き続けることができない。

一つめの関所は、妊娠を報告するとき。以前は〝妊娠解雇〟という呼び方をされていた。マタハラNetに寄せられる被害相談件数では、この時点でマタハラされてしまうケースが圧倒的に多い。特に非正規で働く女性の場合、産休・育休の制度が利用できないという誤った認識により、制度がないのだから妊娠した時点で辞めるべきと退職勧告されてしまう。

二つめの関所は、産休・育休を取得して復帰するとき。以前は〝育休切り〟という呼び方をされていた。「君の戻ってくる場所はない」と復帰させてもらえないケースだ。

そして、三つめの関所は、産休・育休を取得し職場復帰するとき。時短勤務を申請しても利用させてもらえなかったり、降格（キャリアリセット）や減給、雇用形態を変更されたりするケースだ。マタハラNetの被害相談では、この時点が2番目に多い。

キャリアリセットとは、妊娠出産などをきっかけに今まで積み上げたキャリアがゼロにされてしまうことをいう。最高裁が判断を下した、いわゆるマタハラ裁判がこれに当たる。広島で理学療法士として働いていた彼女は、第二子の妊娠時に軽易業務をお願いしたことで、副主任職から外されてしまう。

この時点では、自分が軽易業務をお願いしているからだとして受け止める。ところが、産休・育休を取得後復帰して、今まで通り働けるようになったにもかかわらず、永遠に副主任職は取り上げられ戻ってくることは二度となかった。ここに疑問を呈し、彼女は民事訴訟を起こしたのだった。

この三つの関所を無事に乗り越えたとしても、その後にはマタハラの親戚〝マミートラック〟が待ちかまえている可能性もある。マミートラックとは、仕事と子育ての両立はできるものの、昇進・昇格とは縁遠いキャリアコースのことだ。ワーキングマザーは往々にして補助的な職種や分野で、時短勤務を利用して働くようなキャリアを選ばざるをえなくなる。公平な仕事の機会を与えてもらえず、不本意ながら出世コースから外された〝マミートラック〟に乗せられ、〝ぶら下がり社員〟にさせられてしまう。

大企業の4割で未だに女性管理職ゼロという現実が、この〝マミートラック〟を物語っている。「解雇される」などの厳然たるマタハラが解決されても、この〝マミートラック〟は今後も根強く問題になっていくように思う。

なぜなら、これは企業だけの問題ではなく、子育ての負担が母親にほとんどかかってくるという男女の役割分担が何かのかたちで解決されない限り、難しい問題だからだ。この時期を、いかにキャリアの価値を落とさずに乗りきるかという点に関しては、キャリアを最重視する女性は、子どもがいることで勤務が不安定にならないように外部のリソースに頼るしか今のところ解決策はないのではないかと思う。家族（自分の両親・義理の両親など）に頼るか、夫に頼るか、人を雇うか、いずれかの手段を使って自分が仕事に集中できる環境を確保する必要がある。

ここで鍵になってくるのが、〝イクメン〟〝イクボス〟の存在だろう。今ではすっかり浸透したイクメンとは、子育てに積極的な男性のことをいう。イクボスとは、部下の育児参加やワークライフバランスに理解のある上司のことをいう。女性が働き続けるためには、男性のサポートは必須だと思う。〝イクボス〟のようなポジティブアクションが広まることを期待したい。

第5章

マタハラ解決が日本を救う

†契約社員だった私が「世界の勇気ある女性賞」を受賞する

第5代アメリカ合衆国大統領にちなんで、ジェームズ・モンロールームと名づけられた国務省内のレセプション会場に私は立っていた。

壁や柱、絨毯《じゅうたん》やカーテン、ソファや鏡などのあらゆる調度品に至るまで、すべてが荘厳過ぎるほど荘厳で気後れしそうだ。正装した音楽隊がクラシックを奏で、眩《まばゆ》いシャンデリアがいくつも並び、その中でたくさんのフラッシュがたかれる。授賞式のレセプション会場は、まさに光の中にあった。

手の中にはクリスタルのレリーフが輝き、この日まで名もなかった私に惜しみない拍手が送られた。夢のような時間。1年前の私が、1年後このような場にいる私を想像できただろうか。人生は捨てたものじゃない。捨てる神あれば拾う神ありで、私はアメリカ国務省に拾われた。傷つけられるのも人にだが、また救ってくれるのも人である。この日ばかりは自分で、自分の人生のサプライズに感動してしまった。

「世界の勇気ある女性賞（Secretary's International Women of Courage Award 2015）」は、個人的な危険を顧みることなく、大きな勇気とすぐれた指導力を発揮して人権、男女平等、社会の進歩を訴える活動をしてきた女性を称えるために、2007年に制定された。世界各地の新たな女性指導者に敬意を表する、国務省唯一かつ最大の賞である。

こんな大きな賞なのに、日本人は誰も知らない。私も受賞の報告を在日米国大使館から受けるまで、このような賞が存在することすら知らなかった。というのも、この賞は発展途上国の女性が受賞することが多く、先進国の受賞は極めて稀。日本人の受賞は私が初めてで、主要7カ国（G7）出身者の受賞も初めてというものだった。

発展途上国の中に日本が入る？　受賞の電話を受けたとき、自分の活動が評価されたこと、マタハラ問題が海外からも注目されることは嬉しかったが、それと同時に手放しには喜べないなと不安もよぎった。

しかし、考えてみれば、世界経済フォーラムが発表するジェンダーギャップ（男女平等）指数、2014年の日本の順位は142カ国中104位。つまり日本は、経済大国だとしても、ジェンダーギャップは発展途上国並みで、この受賞の中に選ばれたとしても何も不思議ではないのだ。それが、日本という社会の〝現実〟なのだから。

日本という国は今までずっと、この〝現実〟から目を逸らしてきた。ジェンダーギャップが発展途上国並みなのは、女性が社会進出できるインフラが整っていないこと、日本型企業社会が男性中心に作られてきたことなどが挙げられる。男女雇用機会均等法が成立して、今年でちょうど30年。30年経った今でも労働環境は男性中心で、長時間労働が横行し、マタハラ問題が蔓延している。

日本は長時間労働のわりに生産性が低い、先進国では最下位ランクだと他国から指摘されても、馬車馬のように長時間労働を繰り返してきた。今こそこの受賞をきっかけに、日本の働き方のスタンダードは世界の経済先進国のスタンダードではないということを、日本社会に受け止めてもらいたい。長時間労働を見直し、ワークライフバランスの重要性が社員の能力を最大限に引き出す手段として認識されてほしい。新しい働き方の時代の幕開けとなってほしい。

私はそう考えなおし、思いを新たにワシントンの地に降り立ち、レセプション会場の光の中にいた。割れんばかりの拍手を浴びながら、私の活動を、日本のすべての労働者のためになる活動にしなくてはならない、この受賞は日本の働く女性に対するアメリカからのエールだ、そう強く自分に唱えていた。

†マタハラNetの活動について

失望、悲しみ、怒り、憎しみ……。

4人の男性上司にマタハラされたときに感じた、強烈な感情と経験が私の原動力となり、私と同じようにマタハラで苦しむ女性を少しでも救いたいと、2014年7月、マタハラ被害者支援団体として「マタハラNet～マタニティハラスメント対策ネットワーク～」を立ち上げた。自分がマタハラを受け苦しむなか、インターネットで「マタハラ・実例」「マタハラ・解決策」と検索ワードを打ち込んでも有益な情報は何もなかった。そこでまずはどんな被害実例があるのか掲載しようとブログを作成した。

立ち上げて間もない頃は、テレビのニュースに私が出るたびにバッシングがあった。痛烈な批判に心が折れそうになることもあったが、反対意見があるからマタハラという問題があるわけで、一番大事なのは、マタハラ問題を取り上げることに反感を持つ人たちにも、〝このニュースは大事なのだ〟と繰り返し伝えていくことだと、このとき思った。

2014年9月、〝女性活躍推進新法にマタハラ防止のための一文を！〟というキャンペーンを行ない、10日間で8000件を超える署名を集めてから記者会見を行なった。この日を境に、国会で議員たちが「マタハラ」という言葉を使うようになっていった。

2014年10月、〝妊娠を理由とした降格は原則違法〟という最高裁の判断。マタハラ

Ｎｅｔでは、この最高裁の判断がより良いものとなるよう、最高裁の判決の場に世論を届けていくために、「マタハラ問題とは多くの女性が苦しめられている解決しなければならない問題なのだ」という風を送ろうとなった。

具体的なアクションとしては、9月18日の弁論当日、最高裁判所で弁論を直接傍聴し、その足で交流会のイベントを開き、マタハラＮｅｔの被害女性たちが声を上げている絵をニュースとして社会に届けた。

10月の最高裁判断の翌日、日本で起きたマタハラ裁判というこの大きな判決を、国内だけに留めず海外からも注目してもらおうと、有楽町にある日本外国特派員協会（ＦＣＣＪ）で海外メディアに向けて記者会見を行なった。海外で日本の現状を報道してもらうことで、内側から変わることを苦手とする日本に、外圧を加えられたらと思った。

２０１５年1月、最高裁の判断を受けて厚労省が通達を出した。女性が降格や解雇など不利益な取り扱いを受けた場合、その前に妊娠や出産をしていれば、原則として因果関係があると判断する、というものだ。

今までは「妊娠、出産、育児休業等を理由とした……」だったのが、「妊娠、出産、育児休暇等を契機とした、不利益な取り扱いは違法」と〝時期〟で判断すると変わったのだ。

マタハラ問題が今まで露呈してこなかったのは、泣き寝入りがほとんどだったからだ。妊娠・出産という通常ではない状態で行なわれるハラスメントのため、声が上げられないというのもあるが、妊娠が理由であることを立証するのが難しいということもあった。

妊娠・出産がハラスメントの理由だと違法となるため、企業は妊娠が理由ではないと言ってくる。「そもそも能力がないからだ」とか「業績が悪化しているからだ」とか。「いや違う、妊娠が理由なんだ！」という立証責任は、この通達前まで労働者である女性側にあった。だが、録音や書面などの証拠を残すことは難しく、たとえ声を上げたとしても泣き寝入りさせられていた。

しかし、この通達で、立証責任は使用者側（会社）に移った。「妊娠・出産が理由ではない、能力不足だというのなら、企業さんがそれを立証してください」となったのだ。

これは、被害に遭う女性からすれば大きな一歩で、〝声が上げられるようになる〟ということにつながる。現にこのような流れを受けて、全国の労働局にはマタハラ被害相談が増加した。

立ち上げからわずか8カ月後の2015年3月、私はアメリカ国務省から表彰された。日本において〝マタハラ問題〟という国民的な議論を巻き起こしたことが受賞の理由である。

受賞の波を受けて同じ3月に、日本で初めてのマタハラ被害実態調査「マタハラ白書」を発表した。同日の午後、ダイバーシティが進むソフトウエア会社のサイボウズ株式会社の協力を得て、パネルディスカッションのイベントを行なった。記者会見もイベントもたくさんのメディアに報道され、翌日・翌々日の情報番組はマタハラジャックとなった。

少子化対策・男女共同参画等内閣府特命担当大臣である有村治子大臣より、5月21日内閣府の男女共同参画会議専門調査会でマタハラについて登壇してほしいとお願いされた。政府への発言の機会の場をいただいた。

そして2015年6月、厚労省が〝STOP!マタハラ〟の集中広告を出した。「子どもを授かった。仕事を失った。そんなことが、あってはいけない」こんなキャッチコピーの電車の中吊り広告が出たり、「そのマタハラ、違法です」という新聞広告が出た。

6月24日、マタハラNetの民事訴訟中、労働審判中のメンバー5人が厚労省の記者クラブで合同記者会見を開き、被害実態を訴えた。

この流れを受けたあとの6月26日、「女性活躍加速のための重点方針2015」が発表され、職場でのマタニティハラスメント防止に向けた法改正がメインで盛り込まれた。

〝女性活躍推進新法にマタハラ防止のための一文を！〟の署名が、一文どころか、メインへと変貌を遂げた。これはマタハラNetの活動の賜物《たまもの》だと思う。

そして6月29日、在日米国商工会議所（ACCJ）が開催する「2015 ACCJウィメン・イン・ビジネス・サミット」が東京・赤坂で開かれ、会場は700人を超える参加者で埋め尽くされた。安倍首相、ケネディ駐日米国大使とともに登壇するのは4人の女性役員。その中の一人に私が選ばれた。この日、私は安倍首相にマタハラ根絶を直訴した。

2015年8月、女性活躍推進新法が制定されたその日、政府主催の「WAW！2015」という国際的な女性会議に招かれた。ハイラウンドテーブル「困難を抱える女性たち」のリードスピーカーに私が選ばれた。私は、マタハラ事業主名公表のペナルティを行使するよう訴えた。

2015年9月、厚労省が初のマタハラ事業主名公表。

そして、2015年秋、セクハラ同様の対策を企業に義務づける方向で法改正が行なわれ、2016年の通常国会に法案が提出される見込みとなった。

司法が動き、行政が動き、そして立法が動く。わずか1年ちょっとという短期間に、ここまでの成果が上げられたことは、本当に凄いことだと思う。

†声を上げる勇気が世界を変える

ここまで漕ぎつくには、広島の理学療法士の女性をはじめ、多くの女性たちが声を上げた勇気が背景にある。労働者が声を上げなくては、問題は解決されていかない。勇気を振り絞って声を上げなくては、その問題はないものとされてしまう。全国の労働局には、前年度の相談件数を大幅に上回る女性たちの声が集まった。そして、司法の場への訴えも目立つようになった。

2015年6月、航空会社の客室乗務員である神野知子さんが、「妊娠中に地上勤務での就労希望を却下されて無給休職を命令されたのはマタハラだ」として提訴した。私以外に顔出し名前出ししてくれる女性が現れたと聞いたときは、正直驚いた。しかも、彼女は同じ会社で働き続けるつもりだという。

彼女は訴訟しながら働くことになるが、職場の同僚の皆さんはどうか温かく見守ってあげてほしい。神野さんは、後に続く女性たちに同じ思いをしてほしくない、ただただその一心だったと聞く。会社側からは「空いているポストがなかったから」という説明だが、これではロシアンルーレットだ。運よく空いているポストがあれば地上勤務ができ、そうでなければ休職を命じられ無給となってしまう。無給となれば生活の不安を抱えることになり、退職金をあてに退職する女性も多くいたそうだ。

同じ6月、イタリアの航空会社に勤めていた客室乗務員の日本人女性も、妊娠がわかって雇い止めされたのはマタハラだとして提訴した。会社は経営状況が厳しく人員削減の必要があると説明したが、女性は同時期に入社した社員はほぼ全員が契約を更新しており、雇い止めは妊娠が理由だと指摘した。

興味深いことに、外資系企業でも日本国内にオフィスがあればマタハラが起こりやすくなる。外資系企業でも、日本国内にオフィスがあると長時間労働になりがちなのと同じことだ。反対に、日系企業でも海外にオフィスがあれば定時で帰宅する。つまり、日本という土地がこうした風土を生み、慣例を作っているように思う。

地上勤務に空いているポストがないと言うのであれば、グループ企業同士で連携して、人手不足で困っている職場に一時的な助っ人として妊娠した女性を出向させてもいいかもしれない。育休後に原職復帰が約束されていれば、一時的な業務として女性側は理解してくれるはずだ。

女性側にとっても新たな職場を知ることで、今までの仕事に対する発見や気づきがあるかもしれない。また、グループ企業同士の風通しも良くなるかもしれない。妊娠した女性を一時的に地上で働かせる方法は、知恵を絞れば何かしらの策があるように思う。そして、策を講じなければ、女性社員たちは妊娠に躊躇《ちゆうちよ》し産む機会を失うことになりかねないか、不本意ながら辞めていくことになる。

同月、私たちマタハラNetのメンバー5人も合同記者会見を行なった。裁判で闘っている仲間5人が、みんなで声を上げて〝STOP！マタハラ〟を訴えたいと会見に踏み切った。私は会見場の隅で、メンバーの女性たちを見守った。彼女たちはごく普通の働く女性だったのに、ある日突然マタハラ被害者となってしまった。その女性たちが緊張しながらも、震えながらも、そして怒りを抑えながらも懸命に語る姿が、会場に来た取材陣にはきっと伝わったと思う。

会見に出席した1人に西原ゆかりさんがいた。彼女は、介護施設で1年更新の契約社員として働いていた。利用者をベッドから車いすに移動させたり、車いすを抱えて階段の上り降りをする送迎介助や入浴介助のような身体的に負担が大きい業務の担当だった。

結婚8年目で念願の妊娠が叶い、女性の営業所所長に報告し「勤務時間を8時間にしてほしい」と就労改善を申し出たが応じてもらえなかった。「つわりもありましたが、入浴介助中に何度も熱気で吐きそうになったり、送迎介助中にお腹も頻繁に張りました」と会見で語った。

身体の負担が大きい仕事内容は変わらなかったため、今後の働き方について女性の所長に相談した。しかし「特別扱いするつもりはないし、妊婦として扱うつもりもない。一生懸命やらなければ辞めてもらう。更新はない」と告げられた。所長は彼女を無視するようになり、同僚たちとの関係もギクシャクし始めたという。医師から切迫早産の診断が下されたが、所長には「でまかせだ」と信じてもらえなかった。

「やっと授かることができた命なのに、妊娠は悪いことなの？」と、精神的に不安定になった。産休に入ってから、うつ状態との診断を受けた。「妊娠した人は辞めていく職場だったので、妊娠して介護の仕事ができることを見せたかった」と悔しそうに語った。高齢化社会で介護職員の人手不足が深刻化するなか、マタハラで辞めさせていては本末転倒である。

2人の子を持ち関西の鉄道会社に勤めていた豊田智子さんは、勤務時間変更を申し出ると、役員に呼ばれ「あなたの家庭のことなんか知らない。働きたいなら自分でなんとかしなさい。辞めなしゃあないのとちゃう」と言われたと話す。

その他同席したメンバーには、２人のお子さんがいる臨床心理士の女性がいた。彼女は妊娠のたびにマタハラを受けたという。ある日、給与明細に「育児を優先してください」という匿名の紙が入っていたそうだ。

私たちの合同記者会見の翌日、母親が下の子を出産後に保護者（母親もしくは父親）が育児休業を取得した場合、保育園に通っている上の子を退園させる「育休退園」を埼玉県所沢市が導入したのは違法だとして、市内８世帯の保護者11人が、市を相手取り退園差し止めを求める訴訟を起こした。同時に、早期の判断を求める仮差し止めも申し立てた。保護者らは「一度退園すると同じ園に１００％戻れる保証はない。市の対応はその場しのぎで、児童の受け入れ施設そのものを増やすことが必要」と訴えた。

所沢市側は、「育休中は家庭での保育は可能」として、待機児童の解消も目的に運用を変更したという。所沢市長は「保育園に入りたいって子どもが思っているかというと、きっとそうじゃない。子どもはお母さんと一緒にいたい。特に小さいころはきっとそうだろう」などと、まるで昭和の価値観押しつけ型のマタハラ上司のような発言をしている。せっかく慣れた保育園を退園させられる子どもにとっては、環境をコロコロと変えられる方が不安だろう。

また、そもそも育休は仕事復帰が大前提で、復帰するための準備期間である。これでは準備期間どころではなく、上の子をふたたび入れる保育園が見つからなければ、復帰さえできなくなってしまう。こんな制度であれば、女性は安心して2人目を産めなくなってしまう。現に保護者の女性たちは、そのような発言をしている。もっと市民の声に耳を傾けてから制度を考えてほしいと思う。

このように、2015年6月はマタハラ問題の訴訟会見が続いた。確実に女性たちは声を上げ始めている。そしてこの流れは、社会が問題解決しない限り続く。あがりだした声は、解決することでしか止められないからだ。

†マタハラは日本の〝経済問題〟

女性たちにとって辛いのは、マタハラによって産休・育休が取得できなければ、国から支給される出産手当金や育児休業給付金も受け取ることができないことだ。そうなると、これから出産して子育てに費用がかかるにもかかわらず、国からの社会保障はゼロ、収入もゼロになってしまう。

また、就労証明と保育園の入園がセットになっていることも苦しい。退職を余儀なくされれば就労証明もなくなるため、子どもを保育園に預けることができない。日本にはもう一つ〝待機児童問題〟という大きな問題がある。保育園の一つの席に、ママさんたちが何十人と列を作っている状況だ。

保育園に入園できなければ、その後しばらく働くことができない。これを私は〝マタハラドミノ倒し〟と呼んでいる。「マタハラ→保育園の入園不可→就労不可能→日本経済に打撃」とドミノ倒しのように負の連鎖が続いていく。1人の女性が正社員として働き続けるのと、マタハラを受け離職し、子どもの手が離れる小学校一年生から非正規社員として復帰するのとでは、生涯賃金に2億円の差があると言われている。1人2億円で6割の女性が仕事を辞めているとなれば、どれだけ日本経済に打撃を与えているかは想像に容易い。マタハラドミノ倒しは、もう一つある。第4章で紹介したマタハラ→晩婚化→晩産化→少子化へとつながる負の連鎖だ。このドミノ倒しにより、日本は不妊治療大国にもなっている。

マタハラNetに相談をくれる女性たちは、「妊娠が悪いことのように思えた」「こんなことなら妊娠しなければよかった」「二度と子どもを産みたくないと思った」などといった声を漏らしている。マタハラを受けた女性たちは、次の妊娠をためらう可能性が高くなる。また、マタハラは伝染病なので、職場でマタハラをされた女性を見れば、他の女性社員の結婚や妊娠を踏みとどめることにつながる。このように、マタハラは日本の経済難・少子化に、ドミノ倒しのように連鎖して直撃する深刻な〝経済問題〟である。

また、第3章で触れたように〝マタハラは働き方の違いに対する最初のハラスメント〟だと私は発信している。妊娠や出産・育児で産休・育休・時短勤務することは、いくらでも残業ができる他の社員とは〝異なる働き方〟となる。その働き方の違いを職場が受け止めることができない、馴染ませることができないことにより発生するのがマタハラだ。

しかし、マタハラを解決しなければ、次なるハラスメントへと連鎖する。男性が育児休業を取得する際に「なんだ！　出世は諦めたのか！」などと言われて阻まれる「パタハラ（パタニティハラスメント）」。介護を理由にリストラ候補にされたり、出世コースから外されたりする「ケアハラ（ケアハラスメント）」。次なるハラスメントにつながるので、〝最初〟のハラスメントと呼んでいる。

特にケアハラは深刻で、これからの高齢化社会では毎年10万人が介護離職するとのデータもある。今、女性社員にマタハラしている上司も明日はわが身で、次は自分たちがケアハラされる可能性だってあるのだ。マタハラを解決することは、働き方の違いの相互理解を促進し、次なるパタハラ、ケアハラを防ぐことにつながる。特に、団塊の世代に対する介護時代に向けての体制準備を整えることができる。

†日本のマタハラ二つの根っこ

経済先進国の日本で、未だにマタハラ問題がはびこる理由は大きく二つある。

一つは性別役割分業の意識。男性が外で働いて、家事・育児は女性が担ってという家庭における夫婦の責務や役割を明確に区別する考え方である。そして、もう一つが長時間労働。マタハラＮｅｔのデータ調査でも、「残業が当たり前で８時間以上の勤務が多い」が約38％、「深夜に及ぶ残業が多い働き方」が約６％と、合計約44％と長時間労働が横行している職場でマタハラが起こっていることがわかった。

有給取得率別にみると、「毎年１〜２日くらいしか取得できなかった」が約22％、「１度も取得したことがない」が約20％と、合計約42％と産休・育休どころか有給すら取りづらい労働環境でマタハラが生じていることがうかがえる。

また、その有給の取得範囲について、妊娠や育児で欠勤や遅刻・早退が続いても「有給の範囲内の欠勤だった」が75％で、有給の範囲内でもマタハラされてしまうことがわかった。このことから、休めない・残業が当たり前の職場環境がマタハラを生むと言える（2015年マタハラ白書より）。

性別役割分業の意識と長時間労働は、高度経済成長期にできた日本独特のモデルケースだ。経済成長の時代は終わり、日本は長時間労働のわりに生産性が低いと他国から指摘されても、未だにこのモデルケースから脱しようとしない。

それは、このモデルケースにより経済成長という成功体験を収めたため、このモデルケースがベストなあり方と社会全体が思い込んでしまっているからだ。ある学者が言っていた。労働者に長時間労働させせなければ利益が得られないと思っているのは、経営者の思い込みであり、洗脳であり、もはや呪いだと。

日本の長い歴史から見れば、このモデルケースはほんの一時であり、農業をしていた時代には女性も働くのが当然だったはずだ。しかし、いつの間にかずっとこのモデルケースで日本は歩んできたかのように定着してしまった。

同時に、日本人は社会に出ると勉強しなくなるとも言われている。これも長時間労働が原因で、目の前の仕事以外への視野が極端に狭くなっている。違う価値観があることに目が向きにくくなり、回し車の中のハツカネズミのように、ただ盲目的に走っているだけになってしまっている。

†〝経営問題〟を〝経営戦略〟へ

育児や介護、病気や怪我といった時間的制約を持つ社員が出るたびに人を切っていっては、だれが働くの？　となり、企業の経営は立ち行かなくなる。マタハラ問題は日本の〝経済問題〟だと述べてきたが、経済問題ということは企業にとっての〝経営問題〟である。

しかし、ピンチは時としてチャンスにもなりうる。〝経営問題〟は、捉え方次第では〝経営戦略〟にも変わる。そして、いち早くそのことに気づき、ボーナス期の山からオーナス期の山に飛び移った会社、働き方改革を企業の経営戦略に打ち立てた会社が、これからの人口減少社会を生き延びていけると思う。社外向けの企業ブランディングではなく、社内向けブランディングをすることで企業のイメージアップを計る戦略だ。充分な資金と人員のない中小企業こそ、この社内向けのブランディングに目を向けてもらいたい。

しかし現状は、人が抜けたときの穴をどう埋めるかという対処法を、企業や組織が持ち合わせていない。産休や育休などの長期休暇、復帰してからの時短勤務という働き方の違いを受け止めることができないでいる。

長時間労働しなければ利益につながらない、という固定概念をまずは捨ててもらいたい。「大企業なら余剰社員がいるだろうが、中小零細企業は少ない従業員しかいないのだから、働き方の違いを受け止めることは不可能だ」という固定概念も捨ててもらえたらと思う。人員の確保が難しい中小零細企業だからこそ、時間的制約のある社員をうまく活用することで企業イメージを上げ、リクルーティングにつなげてもらいたい。今の大学生は、企業のネームバリューや年収ではなく、ワークライフバランスを保ちながら働き続けることのできる企業を求めている。それは女子学生だけでなく、優秀な男子学生も同様だ。

対外的な攻めのブランディングは宣伝費や広告費なの多額のコストがかかるが、守りのブランディング＝職場環境をブランディングすることは、従業員の働き方そのものが広告塔となり、低コストで企業戦略にできる。

企業の大小に関係なく、ワークライフバランス、ダイバーシティが進む職場があることを知ってもらいたい。マタハラＮｅｔでは、そのようなだれもが働きやすい職場環境を整える企業に取材に行き、その企業が持っている解決策を広める活動も行なっている。直接話を聞かせていただいた会社を、いくつかご紹介したい。

1 主婦を積極的に活かす――旅館総合研究所

旅館やホテルのコンサルティングをしている（株）旅館総合研究所さんという従業員5名の小規模な会社がある。5名中3名が女性で、育児を抱える女性は夕方16時30分には帰宅する。原則残業は禁止で男性社員も18時の定時には帰宅する。HPの人材採用情報には、「お子様のお迎えなど、時間に制約のある主婦の方を積極的に採用します」とある。

小規模な会社にとっていい人材を採用するのは至難の業《わざ》だ。そこで着目したのが〝主婦〟だと語るのは代表の重松正弥氏だ。〝ペア制度〟や〝在宅ワーク〟を導入して運営している。重松氏に聞くと、立ち上げた当初はブラック会社だったという。だが、途中から残業しようがしまいが出来上がりはさほど変わりがない、そして、決まった時間に帰る方が絶対に効率が良く、主婦は時間の使い方がうまいと気づいたそうだ。

人に仕事がついている状態だと残業になりがちだが、仕事に人がつくかたち＝ペア制度（他の企業ではダブルアサインメント、ワンタスクツーピープルと呼んだりもする）だと、いつ誰が抜けても仕事が滞ることはない。もちろん、その人でないとできない業務もあるので、厳密にいうと、人に仕事がつくものと、そうではなくみんなで回せるものとを分けた、それがペア制度の導入だったという。

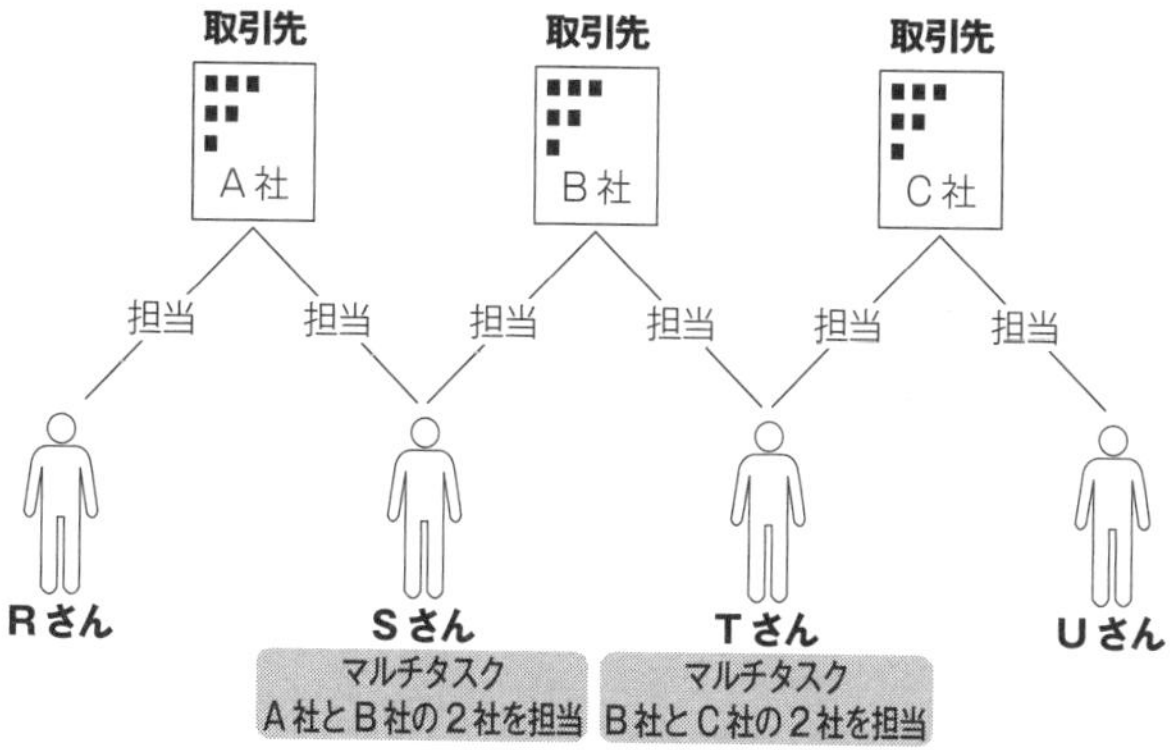

図表16　旅館総合研究所のペア制度の仕組み

ペアを組んだときに、夕方帰る者と定時に帰る者と、どちらがメイン担当になるかは関係ない。そこも公平だ。考えた末にできた制度というよりは、従業員とのコミュニケーションの中で自然にできていったという。解決策のヒントは、従業員が握っているのかもしれない。

重松氏は、〝変わらないと生き残れない〟と語る。その大きなきっかけとなったのが、東北の震災だったという。実際に仕事がなくなるのを経験し、会社を変えないと！　と強く思ったそうだ。

2　〝子連れ出勤〟の大きなメリット
——ソウ・エクスペリエンス

〝子連れ出勤〟を実践している会社もある。

カタログギフトの企画販売を行なっているソ

ウ・エクスペリエンス（株）さんだ。従業員30名のうち9名が子連れ出勤をしている。

お子さんの年齢は0～4歳。常時、子連れの社員は2名。子連れ出勤を始めたきっかけは、深刻な人手不足に陥ったことだった。2年前5人の女性社員が出産のため相次いで職場を離れ、仕事が回らなくなった。子連れでかまわないので戻ってきてほしいと持ちかけたところ、女性社員側からも実は働きたかったという声があがった。

この会社では、子どもたちが安全に、かつ飽きずに過ごせるよう環境づくりを行なっている。基本的なところでいうと、テーブルの角にはクッションを、引き出しにはロックを、パソコンの配線は子どもたちの目の届かないところにする。オフィスの一角を土足禁止の絨毯スペースにして、子どもたちはそこで自由に転がり回ることができるようにする。目隠し棚の奥にソファを設置し、おむつ替えや授乳に使えるようにしている。このように、コストをかけて環境を整備するのではなく、自宅で子育てする際にちょっとした工夫を凝らすように、ほんの少しのアイデアで解決していた。

子どもたちは、時には絨毯スペースを抜け出して、オフィス内の探索にくりだすこともある。社員は「あとで遊ぼうね」と諭し仕事を優先したり、時には子どもの話に耳を傾けたりしていた。シリアスな話をする場合は、大人が場所を移動して対応していた。最終的には、子どもも大人も〝慣れ〟だという。気負いなく自然体で取り組むソウ・エクスペリエンスさんの姿勢が印象的だった。

実際に子連れ出勤している女性社員は、保育園に入れればそれが一番いいという。子どもの世話に時間を割くのでパフォーマンスは落ちるし、ピーク時は避けて通勤するものの、子連れでの通勤は苦労もあるという。ある朝ベビーカーで電車に乗ろうとしたら、目の前の女性から「これから仕事に行くからベビーカーは10時以降にしてほしい」と言われてしまったそう。心の中で「私も仕事に行くのに……」と思いつつ、何も言えなかったという。ベビーカーを連れていればみな遊びに行くと思っていて、まさか通勤しているとは思ってもらえない。必ずしもベストな環境ではないとしても、それでも働き続けることに意味があるという。

企業にとってもメリットが大きい。社会人経験があり即戦力になる優秀な女性人材を採用できる。経験豊かな女性社員が、出産や保育所不足をきっかけに退職することがなくなる。子育て世帯のニーズを確実に捉え、商品開発に活かすことができるなど。新たに人を雇い一から教育するのは、企業にとっては負担が大きい。

働き続けることができる環境さえ整えれば、優秀な人材を手放さなくて済み、社員全体

図表17　ソウ・エクスペリエンスの子連れ出勤の様子　photo：村上岳

のモチベーションアップにもつながる。他人の子どもの成長を見守れる機会などなかなかない。子育てに直面する前の勉強期間にもなるし、何より社員の笑顔や心の豊かさを子どもたちが引き出していると感じた。

今では、子連れ出勤に関心を示す他の企業からの問い合わせが増え、見学会を開催しているという。私が訪ねたのは5回目の見学会だった。5回の見学会までに、銀行や不動産会社、デザイン会社や飲食サービス業など業種に関係なくおよそ40社が訪れている。働き続けることができる環境整備は、企業のイメージアップとしての宣伝効果も発揮する。

その情報を聞きつけて、優秀な人材が自然に集まるという好循環のサイクルが出来上がる。莫大な広告費をかけ、人材確保に悪戦苦闘せずに済む。企業にとって、こんなにも〝お得なこと〟はない。

今では、「子連れ出勤100社プロジェクト」をスタートさせ、子連れ出勤制度を全国100社に拡大すべく、関連情報を発信するポータルサイトの開設、企業間勉強会の実施などを行なっているという。子連れ出勤に取り組む企業が全国各地に広がれば、〝子育てに優しい国〟に近づいていけることだろう。

3 〝九つのワークスタイル〟から選ぶ――サイボウズ

人材の移動が激しいIT業界で、離職率を28％から4％へと大幅な低下に成功したのは、ソフトウエアの開発、販売、運用を手かけるサイボウズ（株）さんだ。

従業員は単体で300名ほど。そのユニークなワークスタイルの構築には学ぶ点が多い。在宅ワークも充実していて、ライフスタイルに合わせて〝九つのワークスタイル〟から自分に合う働き方を選択できる。縦軸に時間、横軸に場所をおいて分類し、この表の中から自分に合う働き方を宣言してもらうそうだ。こうすることで、チーム全体が本人の希望を把握でき、仕事の割り当てがしやすくなると語ってくれたのは、事業支援本部長であり執行役員でもある中根弓佳氏だ。

普段選択している働き方から、一時的に違う働き方をすることを〝ウルトラワーク〟という。たとえば、歯医者の予定を入れたい場合に、丸1日休みを取るのは非効率だ。1時間で治療を済ませ、それ以外は自宅で働くようにする。それがウルトラワークだ。中根氏は言う。働きやすい環境づくりのポイントは、短時間であっても場所が在宅であっても、性別や家庭環境に関係なくワークスタイルを選べることではないかと。

サイボウズさんのもう一つの特徴が〝人事評価制度〟だ。今までは評価制度への不満も

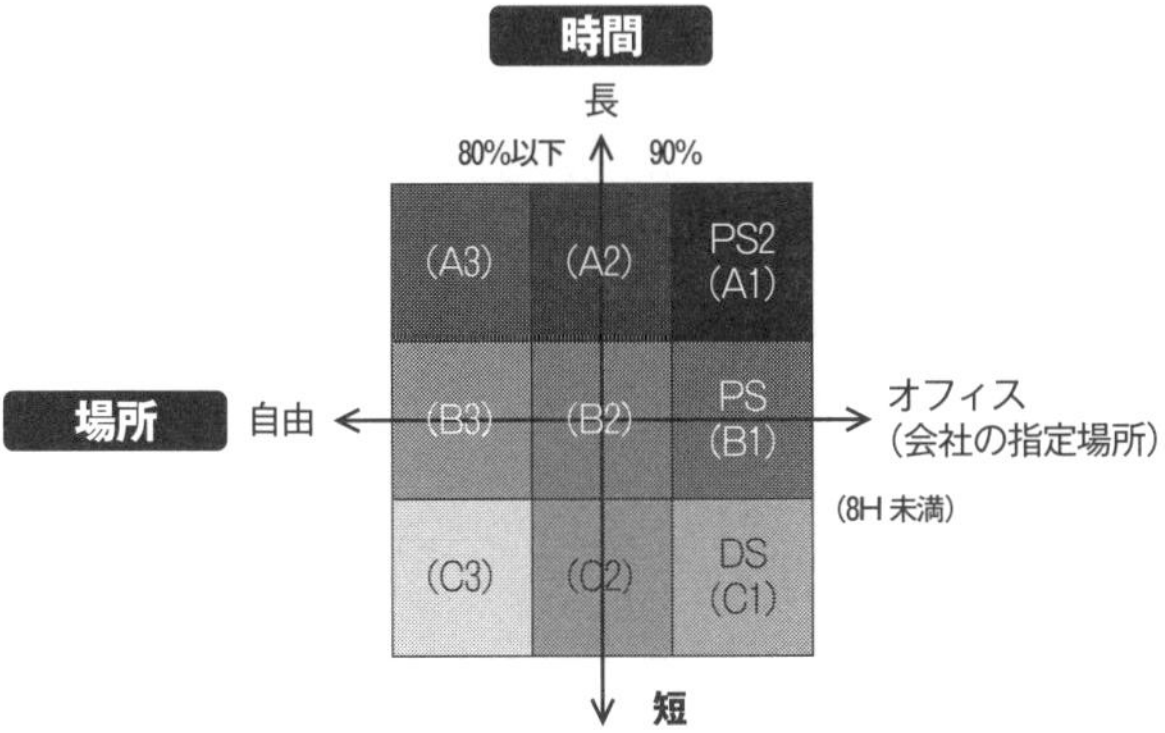

図表18　サイボウズの選択型人事制度
ライフスタイルごとに働き方を選択できる

離職率につながっていると考え、抜本的に見直した。評価の目的を、成長のためと、報酬決定のためと位置づけて区別し、報酬については年齢や勤続年数に関係なく市場価値と本人の信頼度で決定することにした。サイボウズで重視する価値観と評価プロセスを明確にし、それに基づいてシンプルに決定する。それにより今まで起こっていた人材の流出を妨げているという。

企業にとって人事評価制度の見直しは大手術だ。そこに真正面から挑んでいったのが成功の決め手に思う。このようなワークスタイルに辿り着くまでに、トライ&エラーがあったと聞く。そのたびに、従業員の声を拾っていったそうだ。ここでもやはり、解決策のヒントは従業員の中にあった。それは当然のことかもしれない。従業員の働き方の問題なのだから。

　トップダウンだけでなくボトムアップ。経営と社員、会社にとっては車の両輪で双方向からのエネルギーがないと前進しない。そして、双方向からのエネルギーが職場の風通しの良さにもつながる。サイボウズさんには育児休暇最長6年という制度もある。青野慶久社長自ら育児休暇を取得し、復帰後は時短勤務で働いている。社長自らが実践している点も、説得力を増すゆえんだろう。

　人事制度を増やし続けているサイボウズさんでは、小学校の夏休みに応じて子連れ出勤制度の仮運用をしたこともあるそう。小学生の預け先としては学童保育があるが、学童保育に行きたがらない〝小1の壁〟や、学童に預かってもらえない〝小4の壁〟を感じる社員さんもいる。親子の心理的負担を軽減する緊急時の受け皿として、このような柔軟な対応も必要だろう。職場の柔軟性が働き方の多様性を生み、社員の負荷が取り除かれ、生産性の向上へとつながるサイクルになっている。

4　職場の風通しを良くする工夫を――カルビー／イケア・ジャパン

他にも、職場の風通しを良くするために、固定のデスクを作らない会社もある。

自分が妊娠して初めて産休・育休制度がどのような制度なのかを知る女性社員も多い。そのようなことをなくすために、日頃から部署やグループの垣根を超えて、多くの社員と情報交換の機会を作るよう推奨するのは、菓子や食品の製造販売を行うカルビー（株）さんだ。

自由席というと、どうしても仲のいいメンバーで座ってしまう。そこで、出社するとまずは専用PCが席を自動で振り分けるというシステムを導入している。その日の作業内容により、集中して資料作成できるエリア、オープンで周りの人と会話しながら作業するエリアなどを希望し、そのエリア内の座席を指定されるという仕組みだ。

時間単位で席をとれたり（最大5時間まで）、午前と午後でも席を替えることができる。リフレッシュ効果を生み、従業員の作業効率を上げている。私物はロッカーが整備されているので、書類や資料が山積みになり美観を損ねるということもない。

外資系企業では、正社員と非正規社員との垣根さえ取り払っている会社がある。スウェーデン発祥のホームファニシングカンパニーイケア・ジャパン（株）さんだ。貧富の差がなくすべての人がケアされる、福祉国家スウェーデンのテーマをそのまま踏襲している。3000名ほどの従業員のうち99％が正社員で、そのうち短時間勤務が62％という。つまり、〝短時間勤務正社員〟という働き方が成立している。

これだけ多くの社員が短時間で働いていれば、短時間勤務がスタンダードな働き方となる。女性社員は66％、そのうち女性マネージャー職は47％。これでもまだ少なく増やさなくてはならないと語るのは、ピーター・リスト社長だ。ピーター社長は、ダイバーシティは〝出資ではなく投資だ〟という。そのためには、ダイバーシティを可能にするインフラ（下部構造・基盤）が必要だという。

日本社会全体に〝短時間勤務正社員〟というインフラが広まればと思う。正規と非正規の格差を解消し、夕方16時や17時に帰宅することはもはや時短ではなくそれが定時となる。長時間労働が当たり前の社会から、短時間で効率よく仕事をすることが当たり前の社会へ。

私は、絶対に長時間労働してはならないと言いたいわけではない。ダイバーシティというのであれば、長時間労働という選択肢だってあるべきだ。心底仕事が好きな人は、長時間労働すればいいと思う。ただし、それがスタンダードであってはならないと思うだけだ。今の日本の働き方のスタンダードは、世界の経済先進国のスタンダードではないのだから。

いくつかの会社を例にご紹介したように、働き続けることができる会社の仕組みや、こうすればいいという答えは一つではない。企業規模や業種・業態が違えば、抱える問題も異なる。それぞれの企業で独自の解決策を見つけていかなくてはならない。そして、その解決策のヒントは従業員が持っている。あとは、働き方の違いをどう受け止めていくかという経営問題は、経営戦略に変えることができると経営者が気づくことだけだ。

たちが悪いなと思うのは、ワークライフバランス、ダイバーシティ、長時間労働の見直しということがなぜ必要かということも理解せず、社会がそのような風潮だからと看板だけを掲げ、どうインフラを整えればいいか具体的には何もわかっていない偽物の経営者や企業が存在することだ。子育てサポート企業の認定マーク〝くるみん〟や、女性活躍に優れた上場企業を選定する〝なでしこ〟銘柄取得企業でマタハラが起こっていることなどが、これを表している。本物か偽物かは、実際に働きだしてみないと社員は見分けることができないケースが多い。こういう企業はいずれ淘汰されるだろうが、行政にはこのような企業も含め、しっかり監督してもらいたいと思う。

†妊娠を報告されたらどうすればいいの？

連合の調査では、妊娠報告時に、上司や同僚の反応にストレスを感じた女性は4人に1

人となっている。報告しにくる女性も不安でいっぱいである。過半数を超える女性が、仕事をしながら妊娠がわかったときに不安を感じている。

なんでもかんでもハラスメントと名づけられてしまうハラスメント大国の日本で、では、一体どのように対応すればいいのか？　わからなくなってしまう人も多いと思う。しかし、難しく考えることは何もない。女性社員から妊娠の報告を受けたら、「おめでとう！」と笑顔で祝福してあげることだ。まずは、女性の不安を払拭してあげてほしい。次世代を育むことを祝福してあげてほしい。

そして、正しい法律の知識、正しい制度の知識をきちんと身につけてもらいたい。知識不足からくる誤った対応で、思いがけず自分がマタハラの加害者になってしまうことなど決してあってはならない。

特に非正規社員には産休・育休の制度がないと思い込んでいる人が多くいる。だが産休・育休の取得は、会社が決めるものではない。国の法律で決まっている義務だ。どんなに小さな会社でも、会社を経営するということは〝社会的責任〟があるということ、〝法令遵守はマナー〟であることをしっかりと認識してもらいたい。

法律では医師の指導があれば、非正規社員も含め、勤務時間の変更や勤務の軽減を受けることができる。「母性健康管理指導事項連絡カード（略称：母管カード）」の存在はご存じだろうか？　ぜひ一度ネットで検索し、ダウンロードしてみてほしい。主治医が行なった指導事項内容を会社側（上司）に連絡するのに役立つカードである。男性上司が女性社員に体調のことなど聞きづらければ、このようなカードを利用してもらえればと思う。上司も女性従業員も双方がこのようなカードの存在を知り、共に母体を守りながら働き続けることができるよう情報共有をしあってもらえたらと思う。

今後の業務についてのコミュニケーションは、どうやってとればいいのか？　これもとてもシンプルに考えてもらえればと思う。まずは、相手の妊娠の症状や仕事の要望をきちんと聞いて把握すること。「困った」「迷惑だ」などという言葉を先に漏らしてはいけない。人に迷惑をかけたいと思っている人はまずいない。女性側も迷惑をかけてしまうことは十分わかっているはず。そのうえで言われるこのような言葉は、女性社員に本当のことを言わせず、無理を強要してしまうことになる。コミュニケーションの基本は、自分がされて嫌なことは相手にもしない・言わないことだ。

相手の状況や要望をきちんと把握することは、〝間違った配慮上司〟になる可能性も防ぐ。過剰な配慮は、女性のモチベーションを下げ〝ぶら下がり社員〟を作ってしまう要因にもなる。例えば、「大変そうだ。少し休んだら?」という言葉。この言葉一つをとっても、受けとる相手の状況によって、捉え方は180度変わってしまう。

妊娠の症状が辛い女性であれば、ありがたいと感謝される言葉だろう。しかし同じ妊娠でも、順調でしっかり働こうと思っている女性だとしたら、「え? 私は不要ということ?」とモチベーションを下げてしまう言葉になりかねない。このように、同じ言葉一つでも、捉え方は人それぞれとなってしまう。適切な言葉、適切な対応をとるためにも、まずは相手の状況をよく観察し把握してあげてほしい。

与える仕事の量と質は、大きすぎても小さすぎてもいけない。できるかぎりジャストフィットが理想で、そうすることで〝ぶら下がり社員〟を作らずにすむ。

私は、職場で女性社員から妊娠の報告を受けたら〝マネジメント力の腕の見せどころ〟と伝えている。産休・育休は〝代替要員の育成期間〟〝後輩の育成期間〟とも伝えている。

妊娠の報告を受けたら、まずその女性が抱える仕事を洗い出してほしい。どんな仕事も見直せば、すでに不要なもの、簡略化した方がいいもの、本当に必要なものと分けることができる。本当に必要な仕事を代替要員もしくは後輩に引き継がせるよう〝仕事の整理〟をするべきときと捉えてほしい。

必要な仕事を引き継がせることで、本人以外の第三者もその業務をこなせるようになり成長の後押しにもなる。女性からの妊娠報告は、いつだれが抜けても業務が滞らない職場をつくるきっかけとなるのだ。そのためにも、女性がいる職場では、早い段階（心拍が見える7〜8週目）で妊娠の報告をしてもらえるよう日頃から周知しておく必要がある。産休に入るギリギリの段階での報告では、引き継ぎ業務がうまくいかない。外見的にはわかりにくい妊娠初期に辛い症状が出ることが多いので、早い段階での報告は女性にとっても大切だ。

ただし、本人が拒むなら、安定期まで周りには妊娠の事実を伏せてあげる配慮も上司には必要だ。流産の恐れがある場合、早い段階で妊娠の報告を周囲にしてしまえば、流産の事実もみなに知れ渡ってしまう。妊娠の症状、妊娠時の年齢、キャリア形成のいつのタイミングで妊娠するか、などは人ぞれぞれだ。ぜひともそれぞれに合った〝オーダーメイドの対応〟をしてあげてほしい。女性社員が同時に何十人もいっせいに妊娠するなんてことはありえない。1人、また1人と妊娠していくものなので、〝オーダーメイドの対応〟が可能なはずだ。ぜひとも、〝オーダーメイドなマネジメント力〟を発揮してほしい。

女性社員が妊娠・出産・育児をしながら働き続けている部署の上司は、マネジメント力に優れているということなので、評価されるべきだと思う。海外では、女性をマネジメント職に選んだ上司は、その後役員になる確率が高いというデータがある。それは男女の分け隔てなくフェアにフラットに人材評価できる上司だからだろう。ぜひとも女性社員に育児しながら働き続けてもらい出世につなげていってほしい。反対に人材が流出していく部署の上司は、何かしらのハラスメントをしていると疑うか、マネジメント力がないと評価されるべきだろう。

オーダーメイドな対応だからこそ、様々な疑問が生じることだろう。例えば、代替要員が成熟し、女性を元いたポジションに戻せなくなった場合はどうすればいいか。管理職の女性が妊娠し、体調が優れず部下の管理ができなくなってしまったのだがどうすればいいかなど。私は妊娠に伴なう体調不良などで、いったん役職の待遇などを解かれてもある程度仕方ないと思う。育休から復帰する際に、１００％元と同じポジションや仕事内容に戻れないケースもあるだろう。

ここでポイントとなるのが〝原職復帰〟のルールだ。一度就いた役職から永遠に外されたままになってしまう〝キャリアリセット〟ではなく、これまで通り働けるようになったら、妊娠前と同じ役職に復帰できる約束をし、必ずそれを守るというルールが必要である。

もう一つが〝原職相当職〟への復帰。100%完全に元と同じポジションに戻れなくても、客観的にみてほぼ同等と思われるポジションに復帰させる必要がある。

引き継ぎができないような、専門スキルを持つ女性が妊娠したらどうすればいいかという疑問も生じることと思う。同じスキルを持った人材を雇用して穴を埋めるしかなく、女性が育休から復帰できるポジションがなくなってしまうというケースを聞く。

ここに関しては、グループ企業、関連企業、協力企業、同じ業種・業態の企業、もしくは隣接企業を含む地域と日頃から横の〝ネットワーク〟を作り、一時的な欠員を補える仕組みが必要に思う。人員補充だけでなく、急な震災、損害、トラブルなど、いつ何が起こるかわからない。特に中小零細企業なほど横の連携を作っておく必要があると思う。

村社会で排他的な企業が多い日本だが、2060年には労働人口が2分の1にまで減少する。消費者は減り、多くの企業が潰れていく。このような人口減少社会を生き延びるには、働き方改革だけでなく、従来の村社会構造を打ち破っていく必要があると思う。人口減少社会でどのように経営を回すか、これからは経営者のマネジメント力の腕の見せどころにもなっていくことだろう。

†マタハラ問題をきっかけに労働環境の見直しを！

マタハラ防止対策を企業に義務づける方向で法改正が行なわれ、２０１６年の通常国会に法案が提出される見込みとなっている。まずは、マタハラとは何か、実例を入れながらマタハラの定義づけが必要になってくる。

私がぜひともお願いしたいのは、〝組織型〟で行なわれる解雇や退職強要などの不利益扱いだけでなく、同僚などから行われる〝個人型〟の精神的、身体的苦痛まで含めてマタハラだと言い切ってもらうことだ。就労を阻むようないじめや嫌がらせは、ブラックマタハラと明示化してもらいたい。

同僚の個人型を含めることは、〝昭和の価値観押しつけ型〟や〝いじめ型〟のマタハラ解決につながるだけではない。同時に、産休・育休で抜けたぶんの業務をフォローする上司、同僚の評価制度の改善や、カバー分の対価の見直し、また結婚・妊娠の選択をしない人にも長期の休暇がとれる制度の導入などを取り入れることを合わせて行なってほしい。ここが、マタハラ問題の解決をきっかけに、すべての労働者の労働環境の見直しへと広がっていくポイントだ。

また、男性の育児をめぐるパタニティハラスメント、介護休暇取得をめぐるケアハラスメント、不妊治療をめぐるプレマタニティハラスメントなど関係性のある周辺部分の扱いをどうするかという議論も必要だ。マタニティ（母であること、母性）という言葉による縛りはあるが、〝人間らしく働き続ける環境の整備〟という一つのテーマで改善されるべきことなので、あわせて取り組む重要課題だといえる。

そして、マタハラ問題の二つの根っこである〝性別役割分業の意識〟と〝長時間労働〟を許容する職場風土について、抜本的改革の必要性を基本理念に掲げてもらいたい。経済先進国の日本に未だ根強くマタハラがはびこるのは、この二つの根っこが要因であり、これを無視したマタハラ防止対策などあり得ない。

このように、マタハラ問題はあらゆる労働者の労働環境を包括している。マタハラ対策が企業に義務化されることは、妊娠する女性だけでなく、老若男女問わず、これから社会に出る未来の労働者を含めたすべての労働者にとっての働き方の見直し＝働き方改革になるのだ。働き方改革は、今はまだ見えていないかもしれない経営者や企業にとっても、今後の存続のために必要なことだ。

企業への義務化が決まるこのチャンスに、どれだけのことを盛り込めるか。それは、どれだけの世論を巻き起こせるかにかかっている。声を上げる勇気、声を上げる大切さが、ここでも問われてくる。だからこそ、多くの人たちが一緒になって、この問題について考えてもらいたい。私たちの未来の働き方の問題なのだから。

†マタハラ問題を解決すれば、日本のあらゆる問題が解決する

セクハラ・パワハラ・マタハラで三大ハラスメントとまとめられているが、セクハラ・パワハラと一線を画すところは、マタハラは経済問題、経営問題と呼べるところだ。どのハラスメントも企業が解決しなくてはならない人権問題である。しかし、マタハラは時間的制約を条件に持つ社員をどう扱うかという〝企業の今後のあり方を問う問題〟なのである。

マタハラを解決しなければ、パタハラ（パタニティハラスメント）、ケアハラ（ケアハラスメント）といった次なるハラスメントが続く。渥美由喜《なおき》氏は、マタハラ・パタハラ・ケアハラを総称して「ファミハラ（ファミリーハラスメント）」と呼んでいる。

いずれの時間的制約も受け止めることができず、ファミリーハラスメントすべてを解決できないことになる。だから、企業はマタハラ問題を絶対に無視できない。無視すれば、

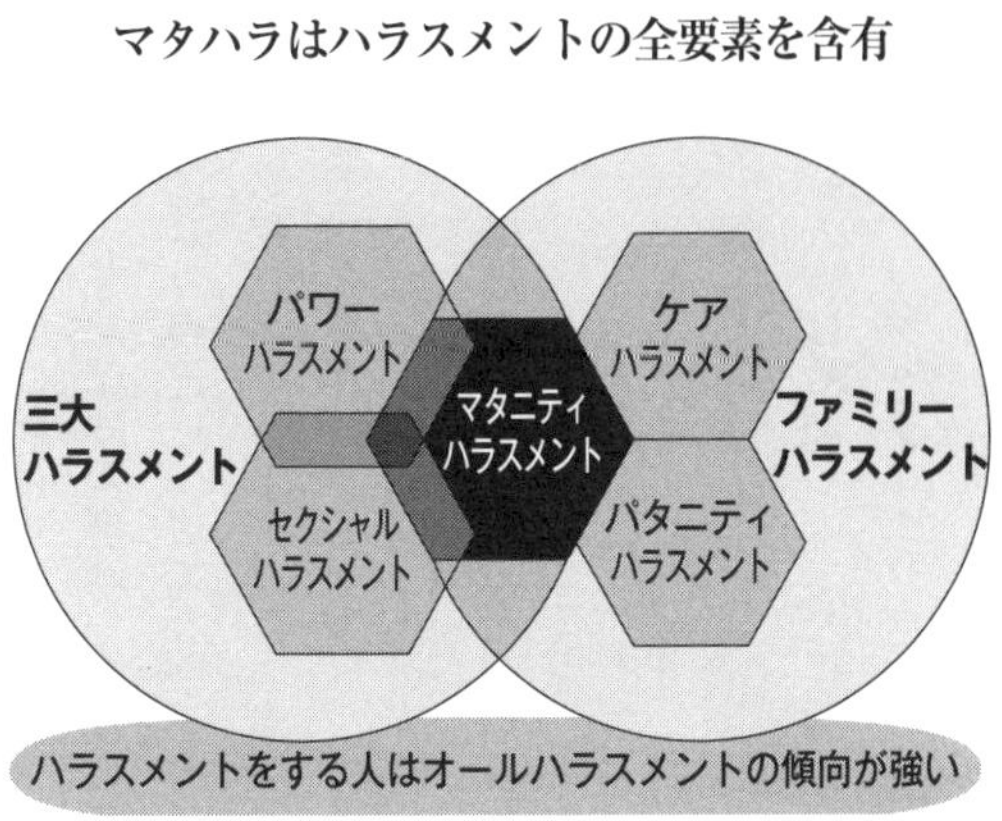

図表19　マタハラはあらゆる問題の「源＝母」

自分たちの今後のあり方の答えが出せないということになるからである。

逆にマタハラを解決すれば、企業が働き方の違いを受け止めることができるようになり、次なるハラスメントをなくす準備が整うため、このようなファミリーハラスメントを防ぐことができるのだ。そして、それこそが真のダイバーシティにつながると私は思う。

少子高齢化が進み、労働人口が減っていくこれからの日本には、女性をはじめ、高齢者や若者の労働力、そして育児や介護、病気や怪我を抱えながらも働き続けることのできる社会が求められる。制約を持ちながら働くのはもはや女性だけでなくなる。働き方の〝違い〟は〝違い〟ではなくなり、働き方のスタンダードは逆転していくのだ。

今、マタハラ問題は1ｓｔステージである。メディアが報道しているのは、マタハラってなに？　どんな被害事例があるの？　という段階だ。次なる2ｎｄステージでは、マタハラは働き方の違いに対するハラスメントであり、経済問題であり経営問題であり、それは経営戦略に変わるということを報じていかなくてはならない。

そして、3ｒｄステージでは、マタハラ問題を解決すれば、日本のあらゆる問題が解決するという認識を広めていかなくてはならない。3ｒｄステージまで広まる頃には、マタハラ問題は日本のすべての人が知らなければならない〝常識問題〟となっていることだろう。

ハラスメントする人は、〝オールハラスメント〟すると伝えてきた。マタハラが解決されれば、職場内のコミュニケーション力やダイバーシティが進み、〝オールハラスメント〟する人物は激減し、未だ根強く残るセクハラ・パワハラも相乗して解消すると私は思っている。マタハラは、ファミリーハラスメントだけでなく、他のハラスメントや差別も解決する突破口となりえるのだ。あらゆるハラスメントをなくすことは、企業の経営向上につながる。企業のモラルやマナーを完備することは、ハラスメントだけでなく、粉飾決算、贈収賄、脱税などもなくしていけることになる。

すべての労働者の労働環境が見直される働き方改革の波が日本に広まり、長時間労働に終止符が打たれる。働き方のスタンダートは変わり、働くということの概念が変わる。オフィスにいることだけが労働ではなく、在宅ワークが広まることをきっかけに、育児や介護、ボランティアや地域活動などすべてを含め働くと捉えていく。労働人口の減少に歯止めをかけ、経済成長を維持し、少子化問題を改善できる。

マタハラ問題の解決は、日本のあらゆる問題解決のきっかけであり、経営者も含めたすべての労働者の、すべての日本人の希望の光となりえるのだ。〝マタニティ（母であること、母性）〟と名づけられている問題だけあって、すべての問題を含有している。マタハラ問題の解決は〝日本のあらゆる問題解決の源＝母〟なのだ。

次世代にバトンを渡そう

日本の女性の労働は、女性たちのバトンリレーである。男性並みに仕事をしてくれる女性たちがいてくれたことによって、女性が社会進出できた。

先輩女性たちが切り開いてくれたバトンが、今、私たちの手にある。私たちがどれだけ良いバトンにして、次世代につなげるか。私たちの時代にマタハラ問題を解決してバトンを渡さなくては、次世代が苦しむことになる。

自分たちがされて苦しんだ問題を、自分の娘に押しつけるなんてできない。少子高齢化で社会保障費が嵩《かさ》み、税金がますます上がるこれからの日本で、次世代がマタハラで働けなくてだれが税金を納めて日本を支えてくれるというのか。

声を上げれば、その女性は職場にいられなくなる可能性が高いかもしれない。たとえ自分が職場追放されたとしても、問題定義をしなくては！　と思って声を上げている女性が、今多いのではないかと思う。

私は女性賞受賞でアメリカに行ったとき、「日本には市民がいない。労働者しかいない。そして、労働者同士で食い潰し合っている」と言われたことがあった。そのときは悲しい気持ちにさせられたが、日本の女性が一枚岩ではなく、女性からの辛辣なバッシングを経験していた私としては、その通りかもしれないと思った。けれど、全国の労働局に声があがる様子を目の当たりにしている今は、日本にだって市民はいるし市民活動はあると強く思う。そして、マタハラ問題は一定の〝市民権〟を得ることができたと思う。

マタニティと名づけられている母たちの問題だけあって、次世代を思って行動する気持ちは何倍も強い。人は自分のためにはがんばれなくても、だれかのためにならがんばれるということがある。だから、マタハラ問題はわずか1年足らずで、急速に広まったのだと思う。されど母は強しである。

今、産休・育休を取りながら働き続けることができている女性たちも、だれかしらその職場を切り拓いてくれたフロンティアとなる女性がいたことを忘れないでいてほしい。自分は産休・育休を取れたからマタハラされる女性のことは知らないではなく、1人でも多くの女性が子どもを産まなければ、今度は自分たちの子どもにより一層の税金負担がかかることを視野に入れてほしい。

†マタハラNetのこれから、社会のこれから

何年、何十年先になるかわからないが、マタハラNetは〝解散がゴール〟である。マタハラ問題が日本からなくなれば、マタハラNetは必要なくなる。そして、いつの日かそのような日がくることを祈りながら日々の活動をしている。マタハラ問題の解決をきっかけに、女性をはじめ、学生や高齢者、介護をしている人など、さまざまな状況の人たちが働き続けることのできる思いやりのある社会を目指し、長時間労働の見直しや多様

な働き方が実現できるよう講演や自治体研修、企業研修なども行なっている。

私にはもう一つ夢がある。日本に社会貢献活動をもっともっと広めることだ。アメリカではNPOやNGOが学生の就職人気ランキングに入ると聞く。日本にも「NPOって格好いい!」というムーブメントを起こせたらと思う。

プロボノ、政治ロビイング、アドボカシー、などの言葉が以前より広まってきた感じはする。労働人口が減っていくこれからの日本にとって、学生や高齢者のボランティア力というものは欠かせない。そのボランティア力を引き出し、山積みな日本の問題を解決していくためにも、社会貢献活動がもっと盛んになればと思う。

オフィスで決められた仕事をこなすことだけが労働ではなく、働く場所や時間帯、対価の有無を問わず〝働く〟と捉えていく。〝働く〟の幅を広げ、その概念を変えていけたらと思う。〝働く〟の幅が広がり、プロボノやボランティアが盛んな社会は、思いやりに溢れ、活性化するだろう。

これこそが市民参加の新しい仕組みといえる。参加する人たちは日頃会社では得られないような経験や人脈が広がり、人間的な成長につながったり、視野の広がった貴重な社会勉強の機会を得ることができる。また、NPOに参加することは、自分自身の働き方、生き方を考える上でも、大変心強いものとなるだろう。NPOにとっても、社会的な課題の解決に向けて、より効果を収められることを後押しする力となる。

市民参加の新しい仕組みを日本に広げていく、その一助をマタハラNetができればと思う。この夢の実現は、マタハラNetの立ち上げや現在の活動に協力してくれている、プロボノやボランティアの人たちへの恩返しになるのではと思っている。また、国務省からの受賞で2週間のプログラム（Internatiotal Visitor Leadership Program）を受講させてもらった。このときに学んだこと、出会った人たちへの恩返しとも思っている。

より良い社会は多様性を受け入れることで実現する。日本は四方八方を海で囲まれ、ほぼ単一民族ということもあり、経済先進国の中ではダイバーシティを最も苦手とする民族かもしれない。日本人のひた向きさ、勤勉さ、従順さという気質からも長時間労働の方が受け入れやすかったのだと思う。

けれど、私は日本に働き方改革、多様性を受け入れることの成功体験をしてほしいと思う。変化を恐れず受け入れる〝勇気〟を持ってほしいと思う。日本社会にとって、ここ数年のうちに働き方改革が実現できるかどうかは、日本の今後100年、200年の人口と経済を変えるくらいの大きな影響があると言われている。

ダイバーシティの実現には、黒船がカギかもしれない。日本は黒船によりその後大きな繁栄を遂げている。今回の国務省からの受賞が、一つの黒船になってくれたらと思う。そして、新しい働き方の時代の幕開けになってほしい。

マタハラNetの立ち上げから本書の執筆にわたって、青野慶久氏、安藤哲也氏、荻上チキ氏、川島高之氏、河村洋弁護士、治部れんげ氏、竹信三恵子氏、土井香苗氏、新村響子弁護士、ハリス鈴木絵美氏に多くのご協力をいただきました。ありがとうございます。また、本書の執筆にあたっては圷由美子弁護士、渥美由喜氏、小室淑恵氏、小林美希氏、駒崎弘樹氏、白河桃子氏、杉浦浩美氏、高橋克典氏、松本亜樹子氏の著書と研究を参考にさせていただきました。末筆になりましたが、ここに感謝を記させて頂きます。

その他にも多くの方々のお力添えで、本書を刊行することができました。

みなさま、本当にありがとうございました。

おわりに

私が受賞した賞の名が「世界の勇気ある女性賞」だった。マタハラ被害女性たちが、声を上げる〝勇気〟の意味を話させてもらった。そして今、企業に対し、日本という国に対し、長時間労働を見直し、ダイバーシティを進める働き方改革の〝勇気〟が求められている。では、〝勇気〟とはなにか？　英語圏には〝ファーストペンギン〟という言葉があるのをご存じだろうか。

氷上でペンギンたちの群れが押し合い圧《へ》し合いするあの姿は、とても微笑ましく可愛らしい。しかし、あの可愛らしい姿の裏には、過酷な生存競争が存在する。誰かが最初に海に飛び込まなければ、群れ全体が餌を取れずに絶滅してしまう。しかし、最初に飛び込むペンギンは、海の下にシャチやアザラシなどの捕食者がいるかもしれず、食べられてしまう危険性が一番高い。

最初に飛び込んだペンギンが食べられてしまえば、あとからは誰も続かない。先陣を切ったペンギンがシャチやアザラシがいないことを証明できれば、群れ全体が安心して海に飛び込み、無事餌にありつくことができる。餌は取りたいが、できれば他のペンギンが海に飛び込んで、安全だと確認できてから飛び込みたい。先に飛び込む順番を譲り合いながら、ペンギンたちはみなこう思っている。

「誰かがやってくれる」

じゃあ、その「誰かって？」

誰がこの死のダイブに挑むのか。読みが外れれば一瞬にして命を失う。しかし、いつまでも飛び込まずにためらっているわけにもいかない。

餌が捕れるか、それとも食べられてしまうのか、避けることができない不確実性のもとで、いつかは誰かが決断を下し、飛び込まなくてはならない。海の中に真っ先に飛び込む〝最初のペンギン〟がいるからこそ、群れ全体にとって事態が切り開かれていくのである。だから〝最初のペンギンは勇気の象徴〟と言われている。まだ誰もしていないことに、リスクを冒して最初に取り組む人のことを指す（茂木健一郎「最初のペンギン」『新編現代文B』東京書籍参照）。

不確実な状況下で判断を下すとき、私たちはある決まったルールや方程式に従っているわけではない。生き延びるためには、時にはこの不確実さに立ち向かい、乗り越えるための感情や感覚が必要である。そして、この感情や感覚が新たなものを創造することにつながっていく。

決められたルールだけに従っていては、何も新しいものは生み出さない。創造とは、決められたルールから外れ、どこにたどり着くかもわからずに、未知なる世界にダイブするようなものだ。その先に何があるかもわからずに、自分の身がどうなるかもわからずに、ただただ自分の感情と感覚だけを頼りに突き進む。その突き進む感覚だけが、創造性を支えている。

英語圏でこのような概念を表現する言葉があるということは、勇気を持って決断する人が称賛される文化があるということを示している。けれど、英語圏だけでなく、日本にだって勇気を称える文化はあるはずだ。

〝Be the first penguin!〟
「他の誰かではなく、私たちから始めよう!」

これからは、ひとりひとりが新しい働き方の改革者だ。働きやすい職場を創造するためのヒントは、労働者ひとりひとりが持っている。ファーストペンギンの気持ちを胸に、今日からの仕事に励もう!

ちくま新書
1164

マタハラ問題《もんだい》

二〇一六年一月一〇日 第一刷発行

著　者　小酒部さやか（おさかべ・さやか）

発行者　山野浩一

発行所　株式会社 筑摩書房
東京都台東区蔵前二-五-三 郵便番号一一一-八七五五
振替〇〇一六〇-八-四一二三

装幀者　間村俊一

印刷・製本　三松堂印刷 株式会社

乱丁・落丁本の場合は、左記宛にご送付下さい。
送料小社負担でお取り替えいたします。
ご注文・お問い合わせも左記へお願いいたします。
〒三三一-八五〇七 さいたま市北区櫛引町二-六〇四
筑摩書房サービスセンター 電話〇四八-六五一-〇〇五三

ISBN978-4-480-06872-9 C0236